일러두기 ◆ 『열두 살 경제 놀이터』는 1권 '돈의 원리', 2권 '경제의 원리'로 이어집니다.

동전 한 개부터 시작하는
열두 살 경제 놀이터

02
경제의 원리

이효석·이하윤 지음

page2

들어가는 말

경제는 세상을 이해하고 선택하는 법을 배우는 공부란다

하윤아, 아빠랑 앞에서 배웠던 돈 이야기 어땠어?

 재미있었어요! 예전에는 용돈을 받으면 이 돈으로 무엇을 살까만 고민했었는데, 지금은 이 돈을 써야 할지 아니면 은행에 저축을 해야 할지를 고민하게 되었어요!

돈에 대한 하윤이의 생각이 넓어진 것 같아서 아빠가 뿌듯하구나! 많은 사람들이 '돈'을 생각하면, 부자를 떠올리지. 그래서 경제를 공부하면 부자가 될 수 있다고 생각하는 사람이 많아. 물론 돈, 경제를 잘 이해하면 부자가 될 수 있는 가능성이 높아지지만, 돈에 대해서 공부하는 것은 단순히 부자가 되기 위해서만은 아니야.

아빠는 경제를 공부하고, 돈을 알면 세상을 더 잘 이해할 수 있게 된다고 생각해. 그리고 그렇게 세상을 더 잘 이해하게 되면, 어떻게 하면 행복하게 잘 살 수 있는지도 알게 된단다. 왜냐하면 경제는 사람에 의해서 돌아가기 때문에 사람들이 무슨 생각을 하는지도 알아야 하거든. 단순하게 경제를 숫자로만 보고 어렵다며 멀리하는 친구들을 보면 참 아쉽다는 생각이 들어.

 저도 처음에는 경제가 어려운 수학인 줄만 알았어요. 아빠가 방에서 보고 있는 경제 자료들을 보면 숫자가 정말 많더라고요. 그런데 아빠랑 경제 공부를 해 보니, 생각보다 경제가 정말 재미있었어요.

정말 다행이야! 그런데 하윤아, 아빠는 하윤이가 경제를 배우면 꼭 이것만큼은 잘했으면 좋겠다고 생각하는 게 있어. 바로 '선택'이야.

아, 선택이요? 선택하는 건 너무 어려워요.

선택을 하는 게 어려워도 앞으로 하윤이는 살면서 수없이 많은 선택을 할 수밖에 없어. 태권도 학원, 피아노 학원 중에 어디를 갈지 고민하는 것도 그렇고, 용돈으로 과자랑 떡볶이 중 하나를 사는 것도 하윤이의 선택이란다. 그런데 어린이가 하는 선택과 어른이 하는 선택에는 두 가지 차이점이 있단다. 첫 번째 차이점은 어릴 때보다 어른이 되면 훨씬 큰 선택을 해야 한다는 점이야.

대학은 어디로 가야 할까? 누구랑 결혼을 하고, 어떤 집을 사야 할까? 등등 생각만 해도 큰 문제들이지. 떡볶이는 몇천 원이지만 집은 수십억 원이 되기도 하니까, 어른이 되면 훨씬 크고 어려운 문제를 선택해야 한다는 말이 이해되지? 그러니까 어렸을 때부터 선택을 많이 하면서 연습을 해 봐야 하는 거야. 어릴 때는 작은 문제여서 잘못 선택해도 괜찮지만, 어른이 되어서 큰 문제를 잘못 선택하면 많이 힘들어질 수 있거든.

두 번째 차이점은 어른이 될수록 스스로 선택을 해야 한다는 거야. 어릴 때는 엄마 아빠가 도와줄 수 있지만, 어른이 되면 혼자서 선택을 해야 할 수밖에 없어.

 그러니까 어른이 될수록 더 큰 문제를 혼자서 선택해서 해결해야 한다는 거네요! 좀 무서워요.

아빠랑 같이 경제 공부도 하고, 연습도 같이 해 보면 괜찮을 테니 너무 걱정하진 마. 대신 어렸을 때부터 경제를 열심히 공부하고, 어려워도 선택을 하는 연습을 해 봐야 한다는 건 잊지 말고.

좋은 선택을 했다면 이제 사고파는 것을 의미하는 '좋은 거래'를 해야겠지? 거래가 되기 위해서 꼭 필요한 게 있는데 그게 뭘까?

 사는 사람과 파는 사람이요. 음……. 또 뭐가 필요할까요?

맞아. 사는 사람이 있어야 되고, 파는 사람이 있어야겠지. 그런데 그 두 사람이 서로 거래를 하기 위해서는 '다른 생각'이 필요해. 사는 사람은 '사도 될 정도로 싼 가격'이라고 생각하고, 파는 사람은 '팔아도 될 정도로 비싼 가격'이라고 생각하기 때문에 거래가 일어나는 거야. 그래서 아빠는 하윤이가 어떤 물건을 살 때 '이 물건을 만든 사람은 어떤 생각을 할까?'를 고민했으면 좋겠어. 상대방이 어떤 생각을 하는지를 알아야 더 좋은 거래를 할 수 있을 테니 말이야.

그래서 거래를 잘하려면 엄마 아빠가 다니는 '회사'에 대해서도 알아야 해. 왜냐하면 앞으로 하윤이가 사는 대부분의 물건들은 회사에서 만든 것일 테니 말이야. '회사에서는 물건을 어떻게 만들어서 파는 걸까?'를 이해해야 좋은 거래를 할 수 있단다.

마지막으로 우리가 사는 곳이 대한민국이기 때문에 정부가 어떤 역할을 하는 지도 잘 알아야 좋은 거래를 할 수 있어.

이번에는 아빠가 경제에서 중요한 역할을 하는 회사와 우리나라의 경제에 대해 자세히 설명해 주려고 해. 이런 것들을 이해하고 나면 하윤이가 더 좋은 선택을 하는 데 큰 도움이 될 거야. 경제를 공부하는 목적은 세상을 더 잘 이해하고, 더 행복하게 잘 살기 위한 것이라는 것을 잊지 말자.

감사의 말

아이일 때보다 어른이 되면, 해야 되는 선택의 크기와 중요성이 정말 커집니다. 안타깝게도 어린아이일 때는 엄마,아빠가 도움을 줄 수 있지만, 어른이 되면 아무리 어려워도 스스로 중요한 선택을 해야만 하죠. 그렇기 때문에 아이일 때부터 경제적인 관점에서 좋은 선택을 하는 연습과 훈련이 꼭 필요합니다. 이 책은 이러한 현실에 부담을 느끼시는 부모님과 아이들을 위해 쓰여졌습니다.

어린이에게 경제를 쉽게 설명하기 위해서는 '개념에 대한 정확한 이해'와 '어린아이의 눈높이에서 생각할 수 있는 관심과 애정'이 있어야 합니다. 그런 의미에서 저의 설명을 들어준 하윤이와 쉬운 용어를 찾기 위해 함께 고민해 준 아내에게 진심을 다해 감사 인사를 하고 싶습니다. 부디 이 책의 내용이 부모님들의 걱정을 덜어주고, 아이들의 성장에 도움이 되길 바랍니다.

# 목차

들어가는 말 | 경제는 세상을 이해하고 선택하는 법을 배우는 공부란다 ◆ 4

제1장
회사에서는 무슨 일을 하나요?

1. 회사 - 우리나라에서 가장 큰 회사는 어디일까요? ◆ 14
2. 개인사업자와 주식회사 - 책임지는 방법이 달라요 ◆ 26
3. 생산 요소 - 생산을 위한 필수 준비물 ◆ 36
4. 노동 - AI 시대와 일의 가치 ◆ 46
5. 규모의 경제 - 규모가 커질수록 이익도 커져요 ◆ 58

제2장
세상에서 벌어지는 다양한 경제활동

1. 이윤 - 이익을 위한 보이지 않는 줄다리기 ◆ 70
2. 경쟁 - 내 것을 위한 치열한 싸움 ◆ 80
3. 독점 - 하나가 모두를 지배해요 ◆ 90
4. 담합 - 경제를 망치는 어두운 약속 ◆ 100
5. 무역 - 나라끼리 서로 필요한 것을 사고팔아요 ◆ 108

 제3장

우리나라는 부자예요?

1. **국내총생산** - 한 나라의 경제 규모를 파악하는 지표 ◆ 122
2. **세금** - 나라 살림을 위한 돈 ◆ 132
3. **소득** - 돈을 버는 여러 가지 방법들 ◆ 142
4. **복지** - 국가의 존재 이유 ◆ 150

제4장

우리는 언제나 선택해야 해요

1. **선택** - 경제 공부의 첫걸음 ◆ 162
2. **기회비용** - 최선을 선택하는 방법 ◆ 174
3. **비교 우위** - 가장 잘하는 한 가지에 집중해요 ◆ 182
4. **대체재와 보완재** - 현명한 소비자라면 알아야 할 것들 ◆ 188
5. **필수재와 사치재** - 필요한 것과 갖고 싶은 것은 달라요 ◆ 196

제1장

회사에서는 무슨 일을 하나요?

회사

우리나라에서 가장 큰 회사는 어디일까요?

> 💡 큰 회사의 기준은 무엇일까요? 건물이 큰 회사? 사람이 많은 회사? 우리나라에서 제일 돈을 많이 버는 큰 회사는 어디이고, 무슨 일을 하는지 알아봐요.
>
> 💡 키워드: 회사, 시가총액, 반도체

"하윤아, 우리가 경제 공부를 하고 있잖아. 가격에 대해서도 배우고, 수요와 공급에 대해서도 배우고, 또 애덤 스미스 같은 학자들의 생각도 알아봤지."

"네. 좀 어려운 부분도 있었지만 재미있어요. 저는 경제 공부가 적성에 맞나봐요!"

"좋았어! 그럼 오늘은 아빠가 경제 퀴즈를 하나 내 볼게. 우리나라에서 제일 큰 회사는 어디일까?"

"제일 큰 회사요? 건물이 제일 큰 회사를 말씀하시는 거예요? 아니면 일하는 사람이 제일 많은 회사인가?"

"아하, 하윤이에게 '제일 큰 회사'의 의미부터 알려 줘야겠구나."

기업은 '돈을 벌려는 목적으로 제품이나 서비스를 생산하고 판매하는 단체'라고 할 수 있어. 그런데 '제품'이나 '서비스', 이 단어들 어디서 들어본 것 같지 않아?

 맨 처음에 거래에 대해서 이야기할 때 나왔던 거잖아요!

맞아. 경제는 수많은 거래로 이루어져 있다고 했지. 그리고 그 거래는 누군가가 제품이나 서비스를 만들어서 파는 것이라고 할 수 있는데, 그 역할을 기업이 하는 거야.
어떤 회사가 제일 큰 회사인지 평가하는 방법은 여러 가지가 있겠지만 가장 좋은 방법은 투표로 뽑는 것 아닐까? 하윤이 반에서 회장을 뽑을 때 투표하는 것처럼 말이야.

 투표가 제일 좋을 것 같긴 해요! 그런데 어떤 회사가 큰지 투표하는 곳도 있어요?

'주식시장'이라는 곳에서 투표를 한단다.

 주식시장? 과일 시장에서는 과일을 파니까 주식시장에서는 '주식'이라는 걸 파는 거예요?

맞아. 주식시장에서는 주식을 사고팔아. '삼성전자'라고 들어봤지? 과일 가게 아저씨가 "사과 사세요"라고 이야기하는 것처럼 '삼성전자'라는 회사도 "저희 회사 주식 사세요" 하면서 주식을 사고팔 수 있어.

주식에도 가격이 있는데 사람들이 회사가 어느 정도의 가치가 있는지를 고민해서 사고파는 과정을 통해서 적당한 가격을 찾아간단다. 그리고 그 가치를 돈으로 나타낸 걸 그 회사의 '시가총액'이라고 이야기해.

그런데 한번 생각해 볼래? 삼성전자를 통째로 살 수 있는 사람이 있을까? 삼성전자를 통째로 사려면 우리가 살고 있는 집 수십만 채를 살 돈이 있어야 하거든.

 으악! 열 채도 아니고. 수십만 채면 얼마나 큰 돈인 거예요?

맞아. 그래서 주식시장에서는 삼성전자를 일반 사람들도 사고팔 수 있도록 엄청나게 잘게 쪼개서 거래하도록 만들어 놨어. 그걸 바로 주식이라고 하지.

우리 집 수십만 채의 가치라고 했으니 엄청 많은 수로 쪼개야 사람들이 살 수 있겠네요.

맞아. 그래서 수십억 번을 쪼개는 거야. 그러니까 하윤이도 6만 원 정도만 있으면 삼성전자 주식을 1개 살 수 있지. 이제 헷갈리지 않게 아빠가 정리를 한번 해 줄게!

삼성전자의 '시가총액'을 '주식의 개수'로 나누면 '주가'(6만 원)가 되고, '주가'에 '주식의 개수'를 곱하면 '시가총액'이 된다. 그리고 시가총액을 보면 회사가 얼마나 큰지를 판단할 수 있지!

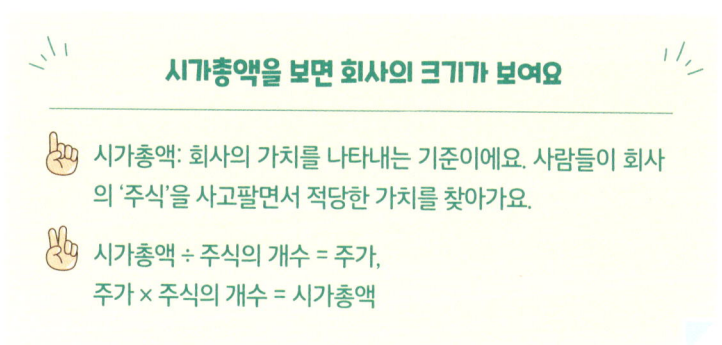

시가총액을 보면 회사의 크기가 보여요

☝ 시가총액: 회사의 가치를 나타내는 기준이에요. 사람들이 회사의 '주식'을 사고팔면서 적당한 가치를 찾아가요.

✌ 시가총액 ÷ 주식의 개수 = 주가,
주가 × 주식의 개수 = 시가총액

자, 그럼 우리나라 시가총액 1위 회사는 어디일까? 2023년 4월을 기준으로 우리나라에서 제일 큰 회사는 바로 삼성전자야. 2등은 LG에너지솔루션, 3등은 SK하이닉스, 4등은 삼성바이오로직스, 5등은 LG화학이지. 6등은 삼성SDI, 7등은 현대차, 8등은 기아, 9등은 포스코(POSCO), 10등은 네이버란다.

 아빠, 1등 삼성전자는 시가총액이 얼마예요?

그걸 알기 위해서는 숫자를 먼저 알아야 돼. 일, 십, 백, 천, 만, 십만, 백만, 천만, 억, 십억, 백억, 천억, 그다음은 뭐지?

 조! 조예요.

이야, 큰 수도 잘 알고 있네. 조는 0이 12개나 되는 큰 수야. 삼성전자의 시가총액은 394조 원이 넘는단다. 2등 LG에너지솔루션은 140조 원, 3등 SK하이닉스는 64조 원, 4등 삼성바이오로직스는 58조 원, 5등 LG화학은 56조 원이야(2023년 4월 13일 기준).

 그런데요. 왜 10위까지 순위에 '삼성'이 몇 개나 있는 거예요?

삼성은 전자제품도 만들고, 약도 만들고, 건물도 만들고, 옷도 만드는 등 여러 가지 일을 하는 기업이기 때문이야.
우리나라 시가총액 1위 회사인 삼성전자는 무엇을 만들어 파는 회사인지 하윤이도 잘 알지? 텔레비전, 냉장고, 세탁기, 핸드폰, 노트북 등 우리 주변에서 모두 쉽게 찾을 수 있잖아.

 네! 제 핸드폰도 삼성에서 만든 거예요. 우리 집 텔레비전도 삼성에서 만든 거고, 냉장도고 삼성 꺼고요. 정말 많아요!

삼성전자는 텔레비전도 전 세계에서 제일 잘 만들고, 냉장고와 세탁기, 휴대전화와 컴퓨터도 잘 만든단다. 그런데 이런 가전제품들 말고도 삼성전자가 잘 만드는 게 또 있어. 컴퓨터나 스마트폰에 들어가는 '반도체'라는 아주 작은 부품이야. 반도체는 거의 모든 전자제품에 들어가기 때문에 '전자 산업의 쌀'이라고 불린단다. 반도체는 우리나라의 주요 수출품 중 하나이기도 하지.

 전자 산업의 쌀이요? 그만큼 없어서는 안 되는 존재라는 뜻인가 봐요.

삼성전자는 반도체를 세계에서 제일 잘 만드는 기업이야. 그런데 이 반도체를 세계에서 두 번째로 잘 만드는 회사도 우리나라에 있단다. 바로 SK하이닉스야. SK하이닉스는 우리나라 시가총액 3위 회사지.

하윤이가 알 만한 회사가 또 뭐가 있을까? 현대차와 기아도 들어 봤으려나?

 아빠, 저도 알아요! 길에서 현대자동차 많이 봤거든요.

맞아. 현대차와 기아 모두 차를 만드는 회사야. 최근에 새로운 차를 발표했는데 바로 '전기 자동차'야. 지금은 주유소에서 파는 기름을 넣어야 움직이는 차가 더 많잖아? 그런데 앞으로는 점점 전기 자동차를 많이 타게 될 거라고 해.

전 세계적으로 환경 오염이 큰 문제인 건 하윤이도 잘 알지? 공기를 오염시키는 큰 원인 중 하나가 바로 자동차가 움직이며 내뿜는 이산화탄소야. 전기 자동차는 공기를 덜 오염시키고 석유도 아낄 수 있어서 세계적인 자동차 회사들이 전기 자동차를 열심히 만들고 있단다.

그럼 앞으로는 전기 자동차를 잘 만드는 회사의 시가총액이 점점 더 커지겠네요?

그럴 수 있겠지? 전기 자동차는 주유소에서 기름을 넣는 대신 전기 코드를 꽂아 배터리를 충전해서 움직여. 그러니까 자동차에는 오래가면서도 고장나지 않는 좋은 배터리가 필요하겠지? 그 배터리를 잘 만드는 회사가 우리나라에 있는데, 바로 시가총액 2위 회사인 LG에너지솔루션과 6등 회사인 삼성SDI야.

 배터리는 차 말고 다른 물건에도 정말 많이 쓰이잖아요. 핸드폰이랑 태블릿PC도 전기로 충전해서 쓰니까 모두 배터리가 들어 있는 거죠?

맞아. 그리고 배터리는 크기가 작고 에너지를 많이 저장할 수 있을수록 좋은 거야. 우리나라 회사에서 만드는 배터리의 품질은 세계 최고 수준이란다.
다른 회사들도 소개해 줄게. 4등 삼성바이오로직스는 약을 만드는 회사야. 우리가 감기에 걸리면 약국에 가서 약을 사 먹잖아. 그런데 코로나19처럼 새로운 바이러스가 나타나면 새로운 약을 개발해야겠지? 삼성바이오로직스 같은 회사에 '새로운 병을 낫게 할 약을 만들어 주세요'라고 주문하면 연구를 해서 약을 만들어. 삼성바이오로직스의 약 만드는 실력은 아주 좋아서 세계적으로 인정받고 있지.

10등을 차지한 네이버라는 회사는 인터넷에서 검색을 할 수 있게 웹사이트를 만들었어. 궁금한 게 있을 때 네이버에 들어가서 물어보면 정보가 쫙 나오지.

 저도 숙제할 때 네이버에서 검색 많이 해요. 그런데 저는 네이버 블로그에 들어가서 아이돌 얘기도 하고, 게임도 하고 그러는데요?

네이버에서는 정보 검색뿐만 아니라 쇼핑도 할 수 있고, 뉴스도 볼 수 있고, 책이나 영화도 볼 수 있어. 이메일도 쓸 수 있고, 블로그를 통해 자기 생각을 글로 쓰고 사람들에게 알릴 수도 있지. 지금은 은행 역할도 하고 싶어 하는 것 같아. 이렇게 네이버 웹사이트에서 여러 가지 서비스를 다 이용할 수 있기 때문에 많은 사람들이 네이버를 통해 인터넷을 이용하고 있단다.

우리나라에 있는 회사들은 정말 다양한 일을 하고 있네요. 그런 만큼 돈도 정말 많이 벌고요. 회사의 가치가 몇 백 조라니, 상상하기도 어려운 숫자예요!

우리나라에 있는 큰 회사들이 어떤 회사인지 알고 나니 세상을 더 잘 이해하게 된 것 같지 않아? 일상생활에서 쓰거나 본 제품이나 서비스를 이런 회사들이 만들고 있구나 하는 생각도 들고 말이야. 아빠는 이렇게 회사와 주식을 공부하게 되면 세상을 더 잘 알게 되는 것 같아서 좋더라고. 하윤이도 계속 관심을 가져 보면 좋을 것 같아.

 회사는 어른들만의 세상인 줄 알았는데 저랑도 밀접한 관련이 있다는 게 재미있어요.

오늘은 '회사 크기를 알려면 시가총액을 알아야 한다'는 걸 배웠지? 시가총액은 주식의 가격이 오르락내리락하면서 매일 바뀌기 때문에 우리나라에서 제일 큰 회사의 순위는 언제든 바뀔 수 있어. 그러니까 직원 수가 많거나 건물 크기가 큰 것보다 더 중요한 것이 시가총액이라는 걸 꼭 기억하렴.

"오늘 '우리나라에서 제일 큰 회사'에 대해서 듣고 나니 갑자기 애국심이 뿜뿜 솟아나는데요?"

"우리나라에 세계적인 기업들이 많지?"

"네, 세계 1등인 삼성전자는 물론이고, 1등은 아니지만 SK하이닉스나 LG에너지솔루션 같이 세계적으로 손꼽히는 기업들 모두가 자랑스러워요."

"그래. 우리나라의 가전제품, 반도체, 배터리, 약 제조 기술은 세계 최고 수준이지. 그래서 대한민국을 '작지만 강한 나라'라고 부르는 거란다."

"와, 작지만 강하다. 너무 멋진 표현이에요! 외국인 친구를 만나게 되면 그렇게 얘기해야겠어요."

"음, 그러면 영어 공부부터……."

"윽, 그만, 그만요 아빠! 지금까지 경제 공부했는데 또 공부라니 너무해요!"

개인사업자와 주식회사

책임지는 방법이 달라요

> 💡 기업의 이익과 손해를 나누는 방법에 따라 개인사업자와 주식회사로 나뉘어요.
>
> 💡 키워드: 개인사업자, 무한책임, 유한책임, 주식회사, 투자, 주주

"아빠, 오늘 점심은 불고기 버거 먹을까요?"

"하윤이 너 어제도 햄버거 먹었잖아."

"네. 그저께도 먹었어요! 그제는 새우버거, 어제는 치킨버거, 그리고 오늘은 불고기 버거 먹으려고요."

"음, 3일 연속으로 햄버거를 먹겠다고? 그건 안 돼."

"힝. 왜요! 먹고 싶단 말이에요……."

"골고루 먹어야지. 매일 똑같은 음식만 먹으면 어떻게 해?"

"치! 어른 되면 햄버거 가게 차려서 매일 내가 좋아하는 햄버거 만들어 먹어야지!"

"흠. 가게를 차리려면 먼저 '개인사업자'를 내야 하는데……."

"개인사업자요? 그게 뭔데요?"

사업을 시작하려면 나라에 등록을 해야 해. 이것을 '사업자 등록'이라고 하는데, 세금을 관리하는 세무서에 가서 '앞으로 나는 이런 사업을 해서 돈을 벌 거예요'라고 미리 알려주는 거야. 만약에 하윤이가 햄버거 가게를 내려면 이름을 짓고 개인사업자로 등록을 해야 한단다.

 돈을 벌면 세금을 내야 하니까 세무서에 등록해야 한다는 건 알겠어요. 그런데 왜 '개인'이라는 말이 붙어요?

개인, 즉 혼자 하는 사업이니까 개인사업자라고 하는 거야. 하윤이가 모은 돈으로, 하윤이가 사장이 되어서 햄버거 가게를 운영하려는 거잖아. 그러니까 개인사업자가 되는 거야. 개인사업자는 돈을 많이 벌게 되면 사장인 내가 돈을 모두 가져갈 수 있어 좋지만, 반대로 사업을 하다가 망하면 모든 문제를 혼자 책임져야 해. 만약 손님이 없어서 햄버거 가게가 망한다면 하윤이 혼자 빚도 갚고, 가게도 정리해야 하지. 이렇게 개인사업자는 장사가 잘될 때도, 안될 때도 '무한책임'을 지게 되어 있어. 한자로는 '없을 무(無)', '한할 한(限)' 자를 써. '한계 없이 모든 책임을 진다'는 뜻이야.

개인사업자는 모든 책임을 져야 해요

 개인사업자: 개인 혼자 사업을 경영하는 회사예요.

 이윤이나 손실이 생겼을 때 대표자로 등록된 사람이 모든 책임을 지는 형태의 사업을 말해요.

 드라마에서 보면 주인공이 사업을 하다가 망해서 차도 팔고, 집도 팔고 그러잖아요. 그게 바로 무한책임이군요! 윽, 정말 너무해요. 개인사업자 말고 다른 사업자는 없어요?

그래. 누구나 실패할 수 있는데 혼자 모든 책임을 지게 하는 건 좀 너무하지? '무한책임'의 반대인 '유한책임'을 지는 회사도 있어. 한자로 '있을 유(有)', '한할 한(限)'을 써서 '유한회사'라고 해.

이제부터는 유한회사와 비슷한 의미인데 훨씬 더 잘 알려진 '주식회사'에 대해 이야기해 보자. 이번에도 하윤이의 햄버거 가게를 예로 들어 볼게. 가게 이름은 '하윤버거'로 해 볼까? 하윤버거 회사를 10개로 쪼갠다고 생각해 보자. 앞에서 본 삼성전자는 엄청나게 비싸서 주식을 수십억 개로 쪼갰지만, 하윤버거는 작으니까 10개로만 나눈다고 해 보자.
'하윤버거 주식'이라고 쓴 종이를 10장 만드는 거야. 10장 중에서 5장은 하윤이가 갖고, 나머지 5장은 친구들에게 돈을 받고 파는 거지.

'하윤버거 주식'이라고 쓴 종이를 돈을 받고 판다고요? 그런데 친구들이 그런 종이를 돈 주고 살까요?

그러니까 하윤이가 주식을 모두 팔기 위해서는 앞으로 어디에 가게를 열어서 어떤 햄버거를 만들어 팔 건지, 하루에 햄버거 몇 개를 팔아서 얼마의 이윤을 남길 것인지 잘 설명해서 친구들을 설득해야지.
그리고 더 중요한 것이 있어. 만약에 하윤버거가 장사가 잘 돼서 돈을 많이 벌게 되면, 그 종이를 산 친구들에게 1/10씩 나눠줘야 해.

에이, 그런 게 어디 있어요? 제가 가게도 만들고 열심히 일도 했는데요……?

대신 하윤이는 무한책임을 지지 않아도 돼. 하윤이는 하윤버거 주식 10장 중에서 5장만 가지고 있으니까 절반만 책임지면 되는 거지. 하윤이의 주식을 사준 친구들이 나머지 절반을 책임지는 거고.

 아하! 그래서 유한책임이라고 하는 거군요. 정말 세상에 공짜는 없나 봐요.

자, 하윤이의 계획을 들은 아빠가 하윤버거 주식 2장을 사고, 엄마가 2장을 사고, 이모가 1장을 샀다고 해 보자. 하윤이는 종이 5장을 팔고 받은 돈을 가지고 햄버거 빵도 사고, 채소도 사고, 고기도 사서 가게를 운영하는 거야.

 질문이 있어요! 그럼 저는 아빠, 엄마, 이모한테 돈을 빌린 건가요?

빌리는 건 잠깐 쓰고 다시 돌려주는 것을 의미해. 예를 들어 하윤이가 나중에 대학에 가서 갚겠다고 약속하고 아빠에게 100만 원을 빌려 간다면, 대학에 들어갈 때 아빠한테 100만 원을 그대로 갚아야 해. 그런데 만약에 하윤이가 하윤버거 주식을 아빠에게 팔고 돈을 받았다면, 그 돈은 갚을 필요가 없어.

진짜요? 그럼 아빠가 손해 아니에요? 돈을 빌려주면 100만 원을 다시 받을 수 있는데, 주식을 사면 100만 원을 돌려 받을 수가 없다는 거잖아요! 너무 위험한 것 같아요.

하하, 엄마랑 똑같은 말을 하네? 엄마는 주식에 투자하는 것을 별로 좋아하지 않거든. 아빠가 하윤버거 주식을 사는 것처럼 삼성전자 주식도 살 수 있고 현대차 주식도 살 수 있겠지? 이런 것을 '주식 투자'라고 해. 이렇게 주식을 사서 투자를 하면 원금을 돌려 받을 수는 없지만 더 큰 돈을 벌 수도 있어.

예를 들어 볼게. 하윤버거가 장사가 너무 잘되는 거야. 1호점, 2호점, 그리고 10호점까지 낼 정도로 말이야. 그러면 돈도 많이 벌겠지? 그럼 아빠 말고도 다른 사람들이 다 하윤버거 주식을 갖고 싶어 할 거야. 하지만 주식은 10장밖에 없잖아? 그럼 가격이 어떻게 될까?

뭐든지 찾는 사람이 많으면 가격이 올라간다고 했으니까, 당연히 가격이 올라가겠죠?

맞아. 가격이 2배 올라간다면 아빠는 하윤버거 주식으로 돈을 버는 거야. 다른 사람에게 아빠가 처음 산 가격보다 비싸게 팔 수 있으니까 말이야.

만약 아빠가 하윤이에게 돈을 빌려준다면 돈을 잃을 가능성이 없어서 좋을 수 있지만, 돈을 2배나 더 벌 수는 없겠지? 주식을 돈을 주고 사면 그 돈을 잃을 수도 있지만 큰돈을 벌 수도 있어.

 주식회사는 사람들에게 돈을 더 가져다줄 수도 있는 거네요? 너무너무 멋있어요. 그럼 저는 개인사업자 말고 주식회사를 만들래요!

그런데 주식회사가 무조건 좋은 것은 아니야. 투자자들은 돈만 투자하는 것이 아니라 이것저것 간섭도 하거든. 하윤버거에 500만 원이 넘는 큰돈을 투자했는데 손해를 보면 안 되잖아. 그러니까 장사가 잘 안되면 자꾸 찾아와서 참견을 하는 거지.

'햄버거가 맛이 없어서 안 팔리는데 대책을 세우고 있나요?', '장사가 이렇게 잘 안되는데 일요일에 쉰다고요? 쉬지 말고 장사를 하세요!' 이런 식으로 말이야.

제가 만든 회사인데 제 마음대로 할 수 없는 거예요?

당연하지. 주식회사가 된다는 것은 회사가 더 이상 사장 혼자만의 것이 아니라는 걸 의미하거든. 투자한 사람 모두가 회사의 주인이니까.

마지막으로 한 번 더 정리해 보자. 개인사업자는 이윤을 모두 가져가는 대신, 잘못됐을 때는 혼자 무한책임을 져야 해. 주식회사는 이윤을 투자자들과 나눠 가져야 하는 대신, 잘못됐을 때 미리 정한 만큼만 책임을 지면 되기 때문에 너무 고통 받지 않아도 되지.

어떤 방식을 선택하든 장점과 단점이 있네요. 내가 어떤 상황에 처해 있느냐, 내가 만들려는 회사가 어느 방식에 더 알맞느냐에 따라 잘 선택해야 할 것 같아요.

하윤이가 하윤버거라는 회사를 만든다고 생각해 보는 건 앞으로 경제를 공부할 때 큰 도움이 될 거야. 하윤버거를 만드는 일을 상상한다는 건 개인이 아니라 기업의 입장에서도 생각해 보았다는 이야기니까 말이야.

"아빠, 하윤버거를 만들겠다고 생각하니까 벌써 설레요. 저는 치즈랑 고기를 많이 달라는 손님이 있으면 듬뿍듬뿍 넣어 줄 거예요."

"흠, 재료를 너무 많이 쓰면 돈을 많이 못 벌 텐데?"

"에이, 아빠! 햄버거를 먹은 손님의 눈이 '띠용!' 하고 튀어나올 정도로 감동을 줘야 소문도 나고 장사가 더 잘되죠."

"음, 많이 팔아서 많이 남기겠다는 거구나?"

"딩동댕! 정답이에요. 장사가 잘돼야 하윤버거 주식을 살 사람들도 돈을 더 많이 가져갈 수 있으니까요."

"배운 것을 아주 잘 활용하는 멋진 사장님인걸? 하윤이를 믿고 하윤버거에 투자해도 되겠어!"

생산 요소

생산을 위한 필수 준비물

> 💡 음의 3요소, 색의 3요소처럼 생산에도 3요소가 있어요. 생산에 필요한 세 가지는 무엇일까요?
>
> 💡 키워드: 생산, 노동, 토지, 자본, 가계, 기업, 정부

"피아노 학원 다녀왔습니다!"

"하윤아, 오늘은 학원에서 뭘 배웠어?"

"음의 3요소를 배웠어요. 음의 3요소가 뭔지 아세요?"

"글쎄. 잘 모르겠는데?"

"에헴! 음의 3요소란 음의 높이, 음의 크기, 음색을 말해요. 어떤 소리든 이 세 가지 요소를 갖추고 있죠."

"이야, 오늘은 아빠가 하윤이한테 음악을 배우네. 그 보답으로 아빠도 하윤이에게 하나 알려 줘야겠다. 경제에도 3요소가 있어."

"무슨 3요소요?"

"생산의 3요소지."

'생산'이란 물건이나 서비스를 만들어 내는 것을 말해. 그렇다면 '생산의 3요소'는 무엇을 만들어 내는 데 필요한 3가지를 말하겠지? 생산을 하려면 뭐가 필요할까?

 음, 물건을 만들기 위해서는 먼저 일할 사람이 필요해요. 그리고 재료를 살 돈도 필요하고요.

벌써 3가지 요소 중 2개를 맞혔네? 어려운 말로 일하는 사람을 '노동', 돈을 '자본'이라고 한단다.
나머지 하나도 알아보자. 물건을 만들려면 공장이 있어야 하지? 공장은 어디에 지을까?

 땅 위에 세우죠!

맞았어. 땅은 '토지'라고 한단다. 생산의 3요소는 노동, 자본, 토지야.

> ### 무엇을 만드는 데 필요한 3가지 요소
>
> 생산: 각종 물건이나 서비스를 만들어 내는 일이에요.
>
> 생산의 3요소: 물건이나 서비스를 만들기 위해 꼭 필요한 3가지 필수 요소들을 말해요. 3요소는 '노동, 자본, 토지'예요.

아빠가 신기한 걸 하나 알려줄게. 하윤아, 우리 경제에서 '생산'의 주체는 누구일 것 같아?

 음, 회사가 생산하는 거 아닐까요?

맞아. 기업에서 물건도 만들고 서비스도 제공하지. 그런데 놀랍게도 기업은 생산의 3요소를 하나도 가지고 있지 않아.

 에? 그럼 누가 갖고 있어요?

가계란다. 가계가 기업에 생산의 3요소를 제공하고 있지.

 가게요? 마트나 백화점, 편의점 같은 가게 말씀하시는 거예요?

음, 발음은 같지만 다르게 적는단다. 경제에서는 한 가정을 '가계'라고 해. 그러니까 '하윤이랑 아빠, 엄마' 같은 가계들이 생산의 3요소를 모두 가지고 있다는 거지. 가계가 어떻게 생산의 3요소를 기업에 제공하는지 하나씩 설명해 줄게.

첫째, 노동. 엄마와 아빠처럼 사람들은 회사에 가서 일을 하지? 엄마, 아빠가 회사에서 열심히 일하는 것을 '가계가 기업에게 노동을 제공한다'라고 표현하기도 해.

둘째, 토지. 기업이 생산을 하려면 공장이나 사무실이 필요한데 이것들이 세워진 땅을 누군가에게 샀겠지? 땅의 원래 주인은 개인이었을 가능성이 높아. 건물을 가지고 있는 사람을 '건물주'라고 하잖아. 기업은 그런 개인에게 땅을 사서 생산에 필요한 시설을 지은 거야.

 노동과 토지는 알겠어요. 그런데 자본도 가계가 제공한다고요? 엄마랑 아빠는 회사에서 일을 하고 월급을 받잖아요. 제가 봤을 땐 오히려 기업이 가계에 돈을 주는 것 같은데요?

기업은 돈이 부족하면 은행에서 돈을 빌려. 그런데 은행은 어디에서 돈이 나는 걸까?

은행은 각 가정에서 저금한 돈을 가지고 있다가 이자를 받고 기업에게 빌려주지. 그러니까 결국은 기업의 자본도 가계에서 나오는 셈이야.

은행이 기업에게 빌려주는 돈은 결국 가계로부터 받은 예금이란다. 돈을 중심으로 생각해 보면, 가계에서 은행을 거쳐서 기업으로 가는 거라고 볼 수 있어. 지난 시간에 하윤버거 회사가 주식을 10개로 쪼개서 팔고 돈을 받았던 것도 주식을 사주는 '가계'에게 돈을 받는 거지. 그러니까 결국 기업의 자본도 가계에서 나온다고 할 수 있어.

 와, 알고 보니 기업은 갖고 있는 게 하나도 없네요! 노동도, 토지도, 자본도 다 가계가 가지고 있다가 기업에 빌려주는 거였어요.

생산의 3요소를 제공하는 가계

☝ 가계: 경제 단위로서 가정을 뜻하는 말이에요.
✌ 가계는 생산의 3요소를 기업에 제공해요.
🤟 반대로 기업은 가계로부터 생산의 3요소를 빌려서 생산해요.

가계 입장에서는 생산의 3요소를 제공하는 대가로 무엇인가를 받아야겠지? 이번에는 기업이 가계에 무엇을 주고 있는지 알아보자.

첫째, 기업은 노동에 대한 대가로 가계에 임금, 그러니까 월급을 줘. 아빠가 회사에 가서 일하고 월급을 받아오는 것처럼 말이야.

둘째, 기업은 은행에서 돈을 빌린 대가로 대출 이자를 내지. 그리고 대출 이자를 받은 은행은 예금을 한 가계에게 예금 이자를 준단다. 가계가 기업에게 노동을 주고 '임금'을 대가로 받은 것처럼, 가계가 기업에게 자본을 준 대가로 '이자'를 받는 셈이지.

마지막으로 기업은 가계로부터 토지를 사거나 빌린다고 했지? 그리고 그 대가로 돈을 내지. 이걸 어려운 말로 '지대'라고 해.

이렇게 가계와 기업은 서로 도움을 주고받는 사이야. 가계가 생산의 3요소를 제공하면, 기업은 그것을 활용해서 물건을 만드는 거란다.

기업과 가계는 생산의 3요소를 주고받아요

👆 **노동**: 가계는 노동을 제공하고, 기업은 그 대가로 임금을 지급해요.

✌️ **자본**: 기업은 은행으로부터 자본을 대출받고, 그 대가로 대출이자를 지불해요. 기업이 지불한 이자는 은행과 가계가 나눠 가져요.

🖖 **토지**: 기업은 가계로부터 토지를 빌리거나 구매하고, 그 대가로 돈(지대)을 내요.

 기업이 어떻게 생산하는지 공부하다 보니 기업과 가계가 어떻게 서로를 돕는지 알게 되네요.

맞아. 이렇게 생산도 하고 소비도 하는 경제 주체가 하나 더 있어. 바로 '정부'야. 기업들은 돈을 버는 것을 목적으로 하기 때문에 돈을 벌 수 없을 것 같은 물건이나 서비스는 만들지 않아. 만약 만들었다고 해도 가격이 엄청 비쌀거야. 그래서 정부가 나서서 무료로 만들어 주지 않으면 국민들이 불편함을 겪게 되지. 전에 알려 줬었는데 그게 뭔지 맞혀 볼래?

아빠, 전에 배웠잖아요. 도로, 다리, 발전소 같은 '공공재'요.

잘 기억하고 있네! 정부가 나서서 공공재를 만드는 이유는 공공재가 나라 경제가 원활히 돌아가기 위해 필요한 기본 시설이기 때문이야. 정부는 기업과 가계에게 '우리가 공공재를 만들 테니 아무 걱정 하지 말고 경제활동을 열심히 하세요!'라고 하는 거지. 사회적으로 안전한 환경이 만들어지면 기업도 힘을 내서 더 좋은 상품을 많이 생산할 거야.

 맞아요. 저도 새 공책이나 펜이 생기면 숙제를 열심히 해야겠다는 마음이 생기거든요.

기업과 가계, 정부가 경제에 어떻게 참여하고 있는지 잘 알았지? 언뜻 보면 서로 큰 관련이 없어 보이지만 알고 보면 세 주체가 서로 밀접하게 영향을 미치면서 우리 사회와 경제를 이끌어 나가고 있는 거야. 물론 하윤이와 아빠 같은 개인도 그 안에서 큰 역할을 하고 있고 말이야.

 생산의 3요소가 무엇인지, 기업과 가계와 정부가 어떤 일을 하는지 알아보니까 왜 경제가 '돌아간다'고 말하는지 그 이유를 더 잘 알 것 같아요. 노동, 임금, 자본, 이자, 토지, 지대……. 정말 정신 없이 돌아가네요.

기업은 가계에서 노동, 자본, 토지 등을 빌려서 물건이나 서비스를 만들고, 가계는 기업에서 일을 해서 받은 돈으로 기업이 만든 물건이나 서비스를 사서 쓰고, 정부는 그런 일들이 잘 돌아갈 수 있도록 도와주고 말이지. 세 개의 경제 주체들이 생산의 3요소를 두고 돌아가면서 서로 거래하면서 도움을 주는 거야.

"아빠, 생산의 3요소를 배워 보니까 기업, 가계, 정부가 힘을 합쳐야 우리 경제가 잘 돌아갈 것 같다는 생각이 들었어요."

"이야, 아빠가 하려고 했던 말을 하윤이가 먼저 해 버렸네. 하윤이의 이해력이 나날이 높아져서 아빠가 너무너무 뿌듯하다."

"흠. 아빠, 이 정도로 감동하신 거예요? 앞으로 저의 활약을 기대하셔도 좋아요!"

노동

AI 시대와 일의 가치

> 열심히 일을 했는데도 돈을 받지 못하게 된다면 어쩌죠?
> 로봇과 AI가 발전하면 일의 가치는 어떻게 될까요?
>
> 키워드: 노동, 노동조합, AI, 로봇

"아빠, 큰일났어요. 내일부터 지하철 파업을 한대요!"

"그래? 내일은 지하철 대신 버스를 타야겠네."

"아빠, 그런데 파업을 하면 지하철이 아예 안 다니는 거예요? 그럼 지하철 타고 출근하시는 엄마는 어떻게 해요?"

"운행하는 지하철 수가 줄어드니 시민들이 불편을 겪기는 하겠지만 파업을 한다고 지하철이 아예 안 다니는 건 아니야."

"아, 그렇구나. 다행이에요. 그런데 왜 파업을 하는 거예요? 일하기 싫어서 그런 건가요?"

"음. 노동자들이 파업을 하는 데에는 여러 가지 이유가 있지. 오늘은 아빠랑 노동에 대해 이야기해 보자."

'노동'은 사람이 생활에 필요한 물자를 얻기 위해 육체적, 정신적 노력을 하는 것을 말해. 그러니까 아빠가 월급을 받기 위해 회사에 나가서 일을 하는 것, 지하철 기관사가 운전을 하는 것 모두 노동이란다.

노동은 한자로 '일할 노(勞)', '움직일 동(動)' 자를 써. 두 글자를 자세히 보면 공통점이 있는데, 혹시 발견했니?

알겠어요! 두 글자에 모두 '힘 력(力)' 자가 들어가네요.

한자도 잘 아는구나! 맞아. 엄마, 아빠가 회사에서 돌아오면 정말 힘들어서 녹초가 되잖아. 노동은 힘을 쓰고 또 써야 할 만큼 고생스러운 일이란다. 그런데 하윤아, 열심히 노동을 했는데 일한 만큼 대가를 받지 못한다면 어떨까?

너무 화나죠! 고생한 만큼 돈을 벌어야 하는데!

자자, 흥분하지 말고 아빠 이야기를 들어 봐.

옛날 1900년대에 영국에서 산업혁명이라는 게 일어났어. 산업혁명 이후 사람은 기계를 이용해 물건을 만들게 되었지.

사람들이 손으로 일일이 물건을 만들던 시절과 비교할 수 없이 많은 양의 물건을 한꺼번에 만들게 된 거야.

 대량 생산이 시작된 거네요.

어려운 말도 잘 아네! 그렇게 공장에서 물건을 대량으로 생산하면서 큰돈을 번 공장 주인들을 '자본가'라고 불렀어. 자본을 많이 가진 사람이라는 뜻이지.

이 자본가들은 이윤을 많이 챙기기 위해 노동자를 가혹하게 대했단다. 하루에 16시간씩 일하게 하면서 쉬는 시간도 주지 않는다던가, 일은 엄청나게 많이 시키고 돈은 조금밖에 주지 않는다던가 하는 식으로 말이야.

 힉, 16시간이요? 하루 24시간 중에 잠자는 8시간 빼고는 계속 일만 한 거네요!

그래서 화가 난 노동자들은 힘을 합쳐 자본가들과 맞서 싸우기 시작했어.

여기에서 중요한 건 '힘을 합쳤다'는 거야. 자본가가 직원들에게 '쉬지 말고 일해!'라고 했을 때 공장 직원 100명 중에 한 명만 '싫어!'라고 하면 큰 힘을 발휘하지 못하지. 그런데 공장 직원 100명이 한꺼번에 한목소리로 '싫어! 우리에게 쉬는 시간을 줘!'라고 말한다면 무시할 수 없잖아? 이렇게 해서 1886년에 미국 시카고에서 최초의 '노동조합'이 탄생했단다.

노동조합은 일하는 사람들이 스스로 만든 조직이야. 더 나은 환경에서 더 좋은 대우를 받으며 일할 권리를 보장받기 위해 자본가와 맞서 싸우는 단체란다. 당시의 노동자들은 8시간 노동, 8시간 휴식, 8시간 교육을 요구했어. 자본가가 말도 안 되는 요구를 하면 돈을 더 주던지, 그렇지 않으면 일을 하지 않겠다는 방식으로 대항했단다.

 휴, 노동조합이 만들어질 만하네요. 쉬지도 못하고 일하는데 돈도 못 벌면 정말 화가 날 것 같아요.

그런데 노동자들이 일하지 않으면 어떻게 될까? 생활하는데 꼭 필요한 물건이 만들어지지 않을 테고, 이런 상황이 오랫동안 계속되면 세상이 멈춰버릴 수도 있겠지?

아아. '노동'이 없으면 생산이 안 되겠네요. 노동이 왜 생산의 필수 요소인지 알겠어요.

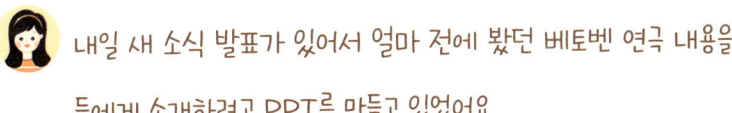

노동과 노동조합

👉 노동: 사람이 생활에 필요한 물건을 얻기 위해 육체적, 정신적 노력을 하는 거예요.

✌️ 노동조합: 노동자가 주체가 되어 근로 조건의 유지, 개선 등 경제적, 사회적 지위 향상을 목적으로 조직된 단체예요.

하윤아, 그런데 어제 보니까 PPT로 발표 자료를 만들고 있던데, 무슨 내용이었어?

내일 새 소식 발표가 있어서 얼마 전에 봤던 베토벤 연극 내용을 친구들에게 소개하려고 PPT를 만들고 있었어요.

우리 하윤이, 숙제도 열심히 하는 모습 너무 보기 좋다. 근데 아빠가 신기한 이야기 하나 해 줄까? 이제 몇 년만 지나면 그런 숙제는 인공지능(AI)이 해 줄 수 있을지도 몰라! 얼마 전에 마이크로소프트라는 회사에서 코파일럿(Copilot)

이라는 걸 만들었거든? 이 프로그램에 "나 내일 베토벤에 대해서 친구들에게 설명하려고 하는데 10쪽짜리 PPT 만들어줄 수 있어?"라고 하면 뚝딱! 만들어 준다고 하더라고.

우와, 그걸 왜 이제야 말해주시는 거죠? 숙제는 AI한테 시키고 아빠랑 놀고 싶어요!

아쉽지만 아직 완벽하지 않아. 하지만 AI가 할 수 있는 일들은 점점 많아질 거야. 요즘엔 코파일럿 말고 챗GPT(ChatGPT)라는 것도 나왔어. 이런 발전이 신기하기도 한데, 사실 아빠는 좀 무서운 생각도 들어.

왜요? AI가 저 대신 숙제도 해주는걸요?

만약에 AI가 사람이 하는 일을 대신하는 날이 온다면 무슨 일이 일어날까? 우리 몸이 편해지는 건 사실이지만 회사 입장에서 생각해 봐. AI가 일을 다 해 주는데 꼭 사람을 뽑을 필요가 있을까? 군이 월급을 줘 가면서 말이야.
실제로 19세기에 비슷한 일이 있었어. 당시에 기계가 처음

나왔는데, 사람이 할 수 있는 일이 없어진다고 생각한 사람들이 기계를 파괴해 버린 거야. 그걸 '러다이트 운동'이라고 해. 만약 AI가 인간이 할 수 있는 일을 다 할 수 있게 된다면, 또 그런 운동이 일어날 수도 있지 않을까?

요즘 AI가 내 일자리를 뺏어갈 것 같다고 두려움을 갖는 사람들이 많아지는 건 사실인 것 같아. 그런데 아빠 생각에는 '일자리는 AI에게 뺏기는 것이 아니라, AI를 잘 사용하는 사람에게 뺏긴다'는 게 중요한 것 같아. 그래서 아빠는 하윤이가 AI를 무서워하기 보다는 AI를 잘 이해하고, 유용하게 사용하는 사람이 되었으면 좋겠어.

 기계를 없애버릴 생각을 하기보다 기계를 이용할 생각을 해라! 이거죠?

그렇지, 바로 그거야! 그리고 우리가 노동에 대해 이야기할 때 생각해 봐야 할 것이 하나 더 있어. 기술이 발달하면서 인간이 하는 노동의 가치가 떨어지고 있다는 거야.

예를 들어 옛날에는 자동차 한 대를 만들기 위해 10명이 넘는 노동자가 필요했어. 자동차 엔진을 만드는 사람, 브레이크를 만드는 사람, 핸들을 만드는 사람, 바퀴를 만드는 사람,

의자를 만드는 사람 등 여러 명의 노동자가 힘을 합쳐야 자동차 한 대를 만들 수 있었단다. 그런데 지금은 로봇이 모든 일을 빠르게 해치워 버리거든? 그래서 필요한 사람의 숫자가 점점 줄어들게 됐어.

 아빠, 좀 슬퍼요. 사람보다 기계가 더 많은 역할을 한다니!

또 다른 예도 있어. 미국에서 코로나19 바이러스가 퍼진 이후에 노동자 2,400만 명을 해고했대. 우리나라 인구의 절반에 가까운 사람을 해고한 거지. 1년이 지나고 다시 조사해 봤는데 700만 명 정도는 아직도 일자리를 얻지 못했다고 해. 그런데 놀라운 사실이 뭔지 아니? 700만 명이나 되는 사람들이 일자리를 잃었지만 기업이 만들어 내는 물건의 양은 오히려 더 증가했다는 거야.

이러면 자본가들이 무슨 생각을 할까? '사람을 조금 고용해도 물건은 아무 문제 없이 만들어지네. 노동조합을 만들어서 자꾸 월급을 올려달라고 하는 노동자와는 같이 일하지 말아야겠다.' 이렇게 생각하지 않을까?

로봇이 일상적으로 쓰이고 챗GPT 같은 AI 기술이 나올수록 인간이 일하는 환경은 빠르게 바뀔 거야. 경제학자들도 앞으로 정말 큰 변화가 일어날 거라고 예측하고 있단다.

으악, 그러면 또 노동자와 기업이 싸우겠어요. 자본가들이 자꾸 반항하는 사람 대신 고분고분한 로봇만 고용하면 어떻게 해요?

미래에는 인간이 하는 노동의 힘이 약해질 수도 있어. 하지만 아빠는 인간이 아예 노동을 하지 않는 세상은 오지 않을 거라고 생각해. 그러니까 인간과 새로운 기술이 힘을 합쳐 효과적으로 일할 수 있는 방법을 고민해야 한단다. 일단 노동자, 기업, 그리고 정부가 서로 견제도 했다가, 도와주기도 했다가 하면서 줄다리기를 잘해야겠지? 그래야 경제가 문제없이 원활하게 굴러갈 테니까.

그리고 하나 더 기억해야 할 것이 있어. 일하는 사람이 줄어들면 기업이 만든 제품을 살 사람도 줄어든다는 것이야.

맞아요. 사람들이 노동을 해서 돈을 벌어야 소비를 할 수 있잖아요. 일자리가 모두 사라져 버리면 사람들의 주머니가 텅 비어서 기업에서 물건을 잔뜩 만들어 놓아도 살 수 없을 거예요.

하윤이 말이 맞아. 그러니까 기업이 계속해서 성장하고 나라의 경제가 발전하기 위해서는 인간이 하는 노동의 가치를 무시해서는 안 되는 거야.

미래에도 사람은 일을 해야 해요!

 로봇이 아닌 사람만 할 수 있는 일이 미래에도 분명 있어요!

 일을 해서 돈을 벌어야 기업이 만든 물건을 살 수 있어요. 그래야 경제가 잘 돌아가요!

"아빠, 노동자들이 파업을 하지 않도록 일하는 환경이 좋아지면 좋겠어요."

"그렇지? 하지만 그게 쉽지 않단다. 기업은 생산 비용을 아껴서 더 많은 이익을 내고 싶어 하고, 노동자들은 더 나은 대우를 받고 싶어 하니까 둘은 늘 충돌할 수밖에 없지."

"그래도 기업과 노동자가 싸우지 않고 잘 지내면 좋을 텐데……."

"심각한 상황까지 가지 않도록 서로 대화를 하고 타협점을 찾는 것이 중요해. 이번 지하철 파업도 오래 가지 않고 잘 해결되면 좋겠구나."

"네. 저도 관심을 가지고 지켜봐야겠어요."

규모의 경제

규모가 커질수록 이익도 커져요

> 같은 가게가 여러 개 생기는 이유는 뭘까요?
> 많이 팔아서 돈을 많이 벌 수 있는 비결을 알아봐요.
>
> 키워드: 규모의 경제, 규모의 비경제, 좀비기업

"하윤아, 뭐하고 있어?"

"이번에 엄마한테 선물 받은 색연필로 그림 그리고 있어요. 색이 48가지나 돼서 엄청 재밌어요."

"어? 이건 전에도 쓰던 색연필 아니야?"

"음, 전에 있던 건 12색 세트였어요. 처음부터 48색을 사고 싶었는데 비쌀까 봐 못 샀거든요. 근데 이번에 보니까 5,000원밖에 차이가 안 나더라고요?"

"아하, 그건 규모의 경제 때문이야."

"무슨 경제요? 색연필도 경제와 관련이 있어요?"

오늘은 '규모의 경제'에 대해 공부해 보자.

 아빠, 사전을 찾아 보니까 '규모'는 사물이나 현상의 크기, 범위 같은 걸 나타내는 말이라고 나와요. 경제에도 범위가 있어요?

단어만 보면 무슨 뜻인지 잘 모르겠지? 규모의 경제는 '규모가 커지면서 생기는 경제적인 이익'이라고 할 수 있어. 마침 좋은 사례가 있어서 아빠 친구 이야기를 해 줄게.
아빠 친구가 갈빗집을 하는데 장사가 너무 잘돼서 얼마 전에 우리 동네에 2호점을 냈어.

 어? 저도 알아요. 지난번에 외식한 곳이잖아요. 갈비 정말 맛있었는데!

맞아. 우리 가족 모두 맛있게 먹었지.
그런데 하윤아, 왜 사장님들은 장사가 잘되면 2호점, 3호점을 내려고 할까? 그 이유를 알려면 '규모의 경제'를 알아야 해. 가게를 2호점으로 늘리면 1호점만 있을 때에 비해서 여러 가지 비용을 낮출 수가 있단다.
가게에서 팔 고기를 사 오는 경우를 생각해 볼까? 1호점만 운영한다면 고기 시장에서 소고기 50킬로그램을 사 와야 해. 그런데 2호점까지 운영하면 소고기를 100킬로그램을 사게 되겠지. 그러면 갈빗집 사장님은 고기 시장에 가서 이렇게 말할 거야. "어제까지는 소고기를 50킬로그램씩 샀지만 오늘부터는 100킬로그램씩 살 거예요. 많이 사니까 대신 가격을 좀 깎아 주세요." 이렇게 재료비를 아끼게 되지.

재룟값만 아끼는 게 아니야. 고기를 사려면 시장까지 차를 타고 가야 하잖아. 그동안은 한 번 시장에 가면 1호점에서 쓸 소고기 50킬로그램만 사왔는데, 이제는 한 번 시장에 가서 1호점과 2호점에서 쓸 소고기를 100킬로그램이나 사 오니까 그만큼 교통비와 시간을 절약하는 거야.

 와, 한 번에 두 가지 일을 하는 거니까 돈을 아낄 수 있겠네요!

많을수록 득이 되는 '규모의 경제'

☝ 규모의 경제: 상품의 생산량이 늘어나면 평균 비용이 줄어드는 효과예요.

✌ 규모의 경제 때문에 갈빗집 1곳만 운영할 때보다 2곳을 운영할 때 이익이 더 발생해요.

하윤이가 자주 보는 음악 프로그램에도 규모의 경제가 등장하는데, 뭔지 맞춰볼래?

음악 프로그램에 규모의 경제가 등장해요? 많을수록 좋은 거라면…… 아이돌 멤버가 많을수록 좋아요!

딩동댕! 요즘은 아이돌 가수들이 연기도 하고, 예능 프로그램에도 나오고, 솔로로 앨범도 내잖아. 그러니까 아이돌 그룹의 멤버 수가 많을수록 활동할 수 있는 영역이 넓어지는 거야.
멤버가 2명이면 아무리 많은 활동을 해도 동시에 2개 프로그램밖에 출연할 수 없잖아. 그런데 6명이면 같은 시간에 6개 프로그램에 나갈 수 있지 않겠니?

오, 생각해 보니 그렇네요!

아이돌 그룹은 데뷔하기까지 비용이 많이 들어. 오랫동안 합숙을 하면서 노래 연습도 하고, 춤 연습도 하고, 연기 연습도 해야 하니까 기획사에서 투자를 많이 하지.

비슷한 투자금을 들여서 멤버 2명인 그룹을 만드는 것보다 6명인 그룹을 만들면 그만큼 다양하게 활동을 할 수 있게 되고 수익도 커져. 아빠 생각에는 그래서 점점 더 멤버 수가 많은 아이돌 그룹이 등장하는 것 같아.

제가 좋아하는 아이브도 6명이에요! 아이브 같은 아이돌인데, 멤버가 더 많은 그룹도 나왔으면 좋겠네요.
아빠, 규모의 경제 정말 재미있어요! 많이 만들수록 이익도 높아진다!

그런데 규모의 경제가 늘 이익을 가져다주지는 않아. 너무 많은 양을 생산했을 때는 오히려 문제가 생기기도 한단다. 자동차 회사에서 규모의 경제를 실현하기 위해 공장을 새로 짓고 자동차도 1,000대나 만들었다고 해 보자. 잘 팔릴 줄 알고 많이 만들어 놨는데 예상과는 다르게 800대밖에 팔리지 않았다면 어떨까?

헉, 그러면 안 팔린 차 200대는 어떻게 해요?

어쩔 수 없이 창고에 그대로 둬야지. 팔릴 때까지 말이야. 그런데 공장을 새로 지어놨으니까 공장을 운영해야 하잖아. 그래서 재고가 쌓여 있는 줄 알면서도 또 자동차 1,000대를 만들 수밖에 없어. 이제 지난해에 팔지 못한 자동차까지 1,200대를 팔아야 하는 상황이 된 거지.

새해에 자동차가 잘 팔리면 다행이지만 또 팔리지 않으면 어떻게 될까?

 안 팔린 차를 보관할 곳은 있을까요? 게다가 작년에 안 팔려서 남은 차는 이제 '새 차'도 아닌 거잖아요?

맞아. 이렇게 생산량과 판매량이 조화를 이루지 못하면 나중에 큰 손해를 입게 돼. 이것을 '규모의 비경제'라고 하지.

 생산량을 늘려서 오히려 손해가 커질 수도 있어요!

 생산량과 판매량이 맞아떨어지지 않으면 큰 손해를 입는 '규모의 비경제'가 발생할 수 있어요.

 따라서 규모의 경제를 실행할 때는 상품을 적절한 양만 생산하는 것이 중요해요.

규모의 경제를 통해 큰 이익을 얻으려고 하는 기업이 많아지면서 전 세계적으로 나타는 현상이 있어. 바로 '좀비기업'의 등장이야.

 영화에 나오는 그 좀비요?

맞아. 좀비는 죽지 않고 계속 살아나잖아. 좀비기업이란 돈을 벌 수 있는 능력은 없는데 망하지는 않고 좀비처럼 계속 살아 남아 있는 회사를 말한단다.
앞에서 이야기했던 자동차 회사를 떠올려 보자. 팔리지 않은 차가 창고에 잔뜩 쌓여 있기는 하지만 어쨌든 돈을 계속 벌고 있는 거잖아.

 맞아요. 다 팔지는 못해도 어느 정도는 물건을 팔고 있으니까요.

좀비기업들은 은행에서 돈을 빌려 손해난 곳을 메우고, 물건을 판 돈으로 대출 이자만 내면서 겨우겨우 기업을 운영해. 언제 망할지 모르는 위험한 상태로 말이야. 우리나라에도 이런 좀비기업들이 꽤 많단다.

이렇게 규모의 경제는 똑똑하게 쓰면 굉장히 좋은 전략이 되지만 자칫 잘못하면 규모의 비경제가 발생해 위험에 빠질 수도 있어. 좀비기업이 되어 한 나라 경제 전체에 나쁜 영향을 끼칠 수도 있고 말이야.

"아빠, 규모의 경제 이야기 정말 재미있었어요. '좀비기업'이라는 말은 좀 무섭지만……."

"아빠도 좀비기업은 무서워. 좀비기업에 잘못 투자했다가는 큰 손해를 입거든."

"오늘 규모의 경제에 대해 배운 덕분에 색연필 가격의 비밀을 알게 되었어요! 많이 만들수록 이익이 늘어난다!"

"또 중요한 게 하나 있었지?"

"생산량과 판매량이 맞아떨어지지 않으면 오히려 손해가 생길 수도 있다!"

"바로 그거야. 뭐든 적당한 게 좋은 거란다."

제2장

세상에서 벌어지는 다양한 경제활동

이윤
이익을 위한 보이지 않는 줄다리기

> 💡 기업과 소비자는 보이지 않는 싸움을 하고 있대요!
> 현명한 소비자가 되려면 어떻게 해야 할까요?
>
> 💡 키워드: 총비용, 이윤, 소비자잉여, 경매

"사장님, 사과에 상처가 났어요. 좀 깎아 주세요!"

"아이고, 꼬마 아가씨가 참 똑똑하네. 좋아, 천 원 깎아 주마."

"고맙습니다!"

"그런데 이렇게 팔면 남는 것도 없어요. 요즘 사과가 귀하거든."

"헉, 정말요? 남는 게 없다고요……?"

"하하하, 괜찮아. 다음에 와서 더 많이 사가렴."

아빠, 과일 가게 사장님이 사과를 팔아도 남는 게 없대요. 그러면 어떻게 해요? 저 때문에 손해 보는 장사를 하신 거예요?

'손해'라는 말에 깜짝 놀랐구나? 그런데 너무 걱정할 필요 없어. 진짜 손해를 본다면 과일 가게 사장님이 사과를 팔았을까? 못 깎아 준다면서 딱 잘랐을 거야.

 휴, 다행이다. 아빠 아까부터 궁금했던 게 있는데요. 물건을 팔고 '남긴다'고 하잖아요. 그게 무슨 뜻이에요?

경제 용어로 '이윤'이라고 해. 이익이라는 말은 들어봤어도 이윤이라는 말은 처음 들어보지 않았어? 둘 다 영어로 번역하면 'Profit'이고, 비슷한 의미를 갖고 있지만 약간의 차이가 있어. 이윤이라는 말은 회사가 장사를 해서 돈을 얼마나 잘 벌었는지를 나타내는 말이거든.

사과를 예를 들어서 다시 한 번 설명해 줄게. 과일 가게 사장님은 농장에서 사과를 1개당 500원에 사 오지만 당연히 500원보다 비싸게 팔아. 왜냐하면 여러 가지 비용이 추가로 발생하기 때문이지. 사장님은 사과를 과일 가게까지 옮기는 데에 돈을 쓰고, 가게를 운영하는 데에도 돈을 써. 또 포장을 하는 봉투를 사는 데에도 돈을 쓰지. 이 모든 비용을 고려해서 사과 판매 가격을 정하는 거야.

 힉, 그럼 금방 사과 한 개가 1,000원에서 10,000원이 되는 거 아니에요?

하하하. 한 번에 사과 한 개만 파는 건 아니니까 그 정도로 비싸지지는 않아.

이렇게 사과가 농장에서 과일 가게에 진열되기까지 발생하는 비용을 '총비용'이라고 해. 아빠 생각에 사과 한 개의 총비용은 1,000원 정도 될 것 같아.

그럼 이 사과를 얼마에 팔면 좋을까? 이윤을 많이 남기면 좋겠지만, 그렇다고 너무 비싸면 사람들이 사지 않을 거야. 적당한 가격이 얼마일까 고민하다가 2,000원에 팔기로 했다고 해 볼까? 그럼 과일 가게는 500원의 이윤이 남아. 사과를 500원에 샀고, 이것저것 들어간 비용이 1,000원이니까 2,000원에서 1,500원을 뺀 500원이 이윤이지.

음, 그럼 사장님의 이윤은 사과 1개당 500원이고, 제가 5개를 샀으니까 2,500원의 이윤이 남았겠네요. 그럼 저에게 1,000원을 깎아 주셨어도 손해를 보신 건 아니겠어요.

제대로 이해했네! 그런데 하윤이는 물건을 만드는 사람이 아니라 물건을 사는 사람이잖아. 소비자로서 어떤 상품을 사고 싶어?

싸고 좋은 상품이요!

모든 소비자들이 하윤이와 같은 마음일 거야. 돈은 적게 쓰고 최대한의 만족감을 느끼고 싶어하지. '가성비'라는 말 들어 봤지? '가격 대비 성능'을 뜻하는 말로 쉽게 말하면, 가성비가 좋은 물건은 싸면서도 좋은 물건이야. 그러니까 비슷하게 좋은 물건이라면 가능하면 싼 물건을 찾으려고 한다는 것이지. 그래서 소비자들은 가성비가 좋은 상품을 찾기 위해 열심히 정보를 수집하기도 해. 반대로 기업은 최대한 많은 이윤을 얻으려고 하지. 그래서 기업과 소비자 사이의 줄다리기가 벌어지는 거야.

기업과 소비자가 가격을 놓고 줄다리기를 한다니! 긴장되는데요?

기업의 목표는 이윤을 많이 남기는 것!

 총비용: 소비자에게 판매하기 위한 상품을 마련하기 위해 들어간 모든 비용이에요.

 이윤: 물건을 팔고 남은 돈. 경제에서는 수입에서 운반비, 유통비, 광고비 등을 모두 빼고 남는 순이익을 뜻하는 말로도 쓰여요.

여기서 우리가 알아야 할 단어가 하나 있는데, 바로 '소비자잉여'야. '잉여'는 쓰고 남은 것을 말해. 그럼 소비자잉여는 무슨 뜻일까?

 뭐죠? 소비자가 남는다?

이번에도 예를 들어 설명해 볼게. 하윤이랑 아빠가 돈가스를 먹으러 갔어. 주문을 하고 음식이 나왔는데 너무너무 푸짐한 거야. 그리고 굉장히 맛있어. 아빠는 속으로 '이 정도면 한 접시에 1만 원을 내도 아깝지 않다'고 생각하면서 돈가스를 먹었지. 그런데 계산을 하려고 보니까 돈가스가 5,000원

제2장. 세상에서 벌어지는 다양한 경제활동

이라는 거야.

 1만 원을 낼 준비를 하고 있었는데 5,000원이었다고요?

그렇지. 아빠는 마음속으로 1만 원까지 낼 생각이 있었는데 5,000원만 냈으니까 5,000원을 이득 본 느낌이 드는 거야. 이게 바로 '소비자잉여'란다. 내가 생각한 가치와 실제로 지불한 돈의 차이지.

자, 이번에는 판매자 입장에서 생각해 볼까? 돈가스 가게 사장님이 아빠의 마음을 읽었다면 어땠을까? '1만 원을 내라고 해도 기꺼이 낼 수 있는 사람인데 괜히 5,000원만 받았네.' 이런 생각을 하지 않았을까?

 돈가스 사장님하고 아빠가 눈치 싸움을 하면서 줄다리기를 하는 게 상상돼요. 그래서 이런 걸 기업과 소비자 간의 줄다리기라고 하는 거군요!

소비자는 소비자잉여가 클수록 기분이 좋아. 그런데 기업 입장에서는 소비자잉여가 클수록 손해 보는 기분이겠지? 그만큼 가격을 잘못 매긴 셈이니까. 이렇게 소비자잉여를 두고 기업과 소비자의 팽팽한 싸움이 벌어지는 거야.

기업과 소비자는 가격 줄다리기를 해요!

 소비자잉여: 지불할 의사가 있는 최대 가격과 실제 지불한 가격의 차이예요.

 소비자는 소비자잉여가 클수록, 기업은 소비자잉여가 적을수록 좋아해요.

그런데 기업이 정당한 방법으로 소비자잉여를 빼앗아 오는 방법도 있어. 바로 '경매'야.

 유튜브에서 경매 하는 모습을 본 적 있어요. 어떤 미술 작품을 사려고 사람들이 계속 높은 가격을 부르던데요? 처음에는 천만 원 정도 했던 그림 가격이 몇 억까지 막 올라가더라고요.

맞아. 상품을 생산한 사람은 가격을 무한정 올릴 수가 없어. 비싼 가격을 매겼다가 소비자가 안 사면 큰일이거든. 그런데 경매라는 과정을 통하면 시키지 않아도 소비자가 알아서 가격을 올려 주지.

그럼 경매는 기업에게 유리한 방법이네요?

음, 반대로 소비자에게 유리한 상황이 되는 경우도 있어. 우리가 인터넷 쇼핑을 할 때 어떻게 검색을 하지?

 최저가요! 물건을 고른 다음에는 꼭 최저가를 검색해 봐요. 그래야 조금이라도 싸게 살 수 있거든요.

역시 하윤이는 현명한 소비자구나! 요즘 소비자들은 최저가 검색을 통해 더 낮은 비용을 제시하는 기업의 물건을 구매해. 이것도 일종의 경매 방식이라고 볼 수 있단다.

수익은 기업과 판매자뿐만 아니라 소비자도 잘 알고 있어야 하는 개념이야. 더 많은 수익을 남기려는 판매자의 마음을 읽을 줄 알아야 적정한 가격에 좋은 상품을 살 수 있기 때문이지.

"아빠, 제가 오늘 사과를 사면서 기분이 좋았던 이유는 소비자잉여가 컸기 때문이네요!"

"사과 5,000원어치를 사면서 1,000원이나 할인을 받았으니 하윤이의 만족감은 아주 높았겠지?"

"그런데 반대로 생각하면 좀 슬퍼요. 과일 가게 사장님은 그만큼 기분이 좋지 않았을 테니까요."

"사람들이 사지 않은 상처 난 사과를 팔았으니 다행이라고 생각하지 않았을까?"

"와, 그럴 수도 있겠네요! 경제는 참 신기해요. 각자 입장에 따라 여러 가지 감정이 생기기도 하고, 가격이 올라갔다가 내려가기도 하고 말이에요."

"하윤이가 경제를 재미있어 하니 아빠도 기분이 좋네. 다음에도 가성비 좋은 수업 준비해 올게!"

"헤헤, 고맙습니다 아빠!"

경쟁

내 것을 위한 치열한 싸움

> 💡 달리기 1등, 시험 1등을 위해 우리는 늘 경쟁을 해요. 그런데 경제에도 경쟁이 필요하대요.
>
> 💡 **키워드:** 사유재산, 경쟁, 레드오션, 블루오션

"앗, 케이크가 딱 한 조각밖에 안 남았네!"

"아빠, 저에게 양보하세요!"

"에이, 그럴 순 없지! 우리 정정당당하게 가위바위보로 정하자."

"가위, 바위, 보!"

"힝, 내가 졌다."

"약속은 약속이니까 남은 치즈케이크 한 조각은 아빠가 먹을게!"

"아빠 미워!"

"케이크는 한 조각인데 먹고 싶은 사람이 둘일 때 서로 다투게 되지? 이걸 경쟁이라고 해. 오늘은 경제에서 어떤 경쟁이 일어나는지 알려 줄게."

아빠, 진짜 다 드실 거예요? 가위바위보에 져서 케이크를 못 먹는다니…… 경쟁 없이 같이 나눠 먹으면 안 될까요?

경쟁은 경제에서 빠지지 않는 활동이야! 이제부터 경쟁에서 이기는 법을 연구해 보렴!

같은 목표를 두고 두 명 이상의 사람이 힘을 겨루는 것, 싸워서 이긴 사람만 원하는 것을 얻을 수 있는 것을 '경쟁'이라고 해. 경쟁도 한자로 이루어진 단어인데, 한자로 '다툴 경(競)' 자와 '다툴 쟁(爭)' 자를 쓴단다. 글자만 봐도 정말 치열한 느낌이 들지?

그럼 경쟁에는 어떤 것들이 있을까?

학교에서 시험 볼 때 경쟁해요!

그래. 시험도 경쟁이고, 백화점 세일 기간에 몇 개 남지 않은 물건을 사는 것도 경쟁이야. 우리 생활에는 경쟁이 참 많지. 경제에서도 이런 경쟁이 많이 일어난단다.

그런데 경쟁에 대해 배우기 전에 먼저 알아야 할 것이 하나 있어. 바로 '사유재산'이야. 사유재산은 '개인이 소유하고 있는 재산'을 말하는데, 쉽게 말하면 '내 것'이라고 할 수 있지. 사유재산이 생기면 그걸 마음대로 쓸 수도 있고 다른 사람에게 팔 수도 있어.

집이나 차, 은행에 저금해둔 돈 모두 사유재산이겠네요?

꼭 크고 비싼 것이 아니라도 우리가 평소에 '내 것'이라고 말하는 것은 모두 사유재산이야. 핸드폰, 컴퓨터부터 책가방, 필통, 지우개까지 모두 사유재산이라고 할 수 있어.

경쟁에 대해서 이야기하다가 '사유재산'을 설명한 이유가 있는데, '내 것'이라는 것이 인정될 때만 사람들의 경쟁 심리가 커지기 때문이야.

 맞아요. 내 거가 아니라면 치열하게 싸울 필요 없죠!

회사에서도 마찬가지야. 제일 열심히 일한 사람에게 월급을 많이 주겠다고 하면 경쟁이 벌어지지. 하지만 열심히 일하거나 말거나 똑같은 월급을 주겠다고 하면 치열하게 일하는 사람이 거의 없을 거야.

'내 것'을 갖기 위해 경쟁해요

 사유재산: 개인이 소유하는 재산을 말해요. 본인의 의사에 따라 사용하고, 관리하고, 팔 수 있어요.

 물건이 '내 것'이라는 게 인정되기 때문에 경쟁 심리가 생겨요.

한편, 기업들은 시장에서 더 심한 경쟁을 하기도 해. 그래서 경쟁이라고 하지 않고, 전쟁이라는 표현을 쓰기도 한단다.

 경쟁이 아니라, 전쟁이요?

경쟁이 두 회사가 더 많은 돈을 벌기 위해서 노력하는 상황을 의미한다면, 전쟁은 상대방을 파괴할 목적으로 싸우는 것을 말하지. 요즘에는 미국 회사랑 중국 회사들이 서로를 파괴할 정도로 싸우고 있어서 전쟁이라는 말까지 나오고 있어. 아무튼 기업들이 하는 싸움은 그만큼 치열하다는 거야. 이렇게 기업이 치열한 경쟁을 벌이는 시장을 '레드오션'이라고 부른단다. 붉은색을 의미하는 영어 단어 '레드(Red)'와 바다를 의미하는 영어 단어 '오션(Ocean)'을 합친 말이야.

 붉은 바다라니. 왠지 무서운 이미지가 떠오르는데요? '피'가 떠오르기도 하고요…….

레드오션에서 기업들이 피 흘리며 경쟁하는 것이 사실이야. 레드오션은 많은 사람들이 이미 이용하고 있는 제품을 만드는 산업에서 많이 발생해. 신발 산업을 예로 들 수 있지. 나이키, 아디다스, 휠라 등 유명한 신발 브랜드가 정말 많잖아. 세계적인 브랜드도 많고, 우리나라의 개성 있는 브랜드도 많고. 그런데 여기에 새로운 기업이 들어간다고 상상해 봐.

 와, 물건을 파는 건 둘째 치고, 사람들 눈에 띄는 것도 힘들 것 같은데요?

그렇지? 신발이라는 단 하나의 상품을 가지고 경쟁하니까 한 회사의 제품이 잘 팔리면 나머지 회사의 제품은 상대적으로 안 팔릴 수밖에 없어. 그런 상황에서 우리 회사의 물건을 더 팔기 위해서는 남의 고객을 빼앗는 수밖에 없지. 이것이 레드오션의 가장 큰 특징이란다.

피 흘리며 경쟁하는 '레드오션'

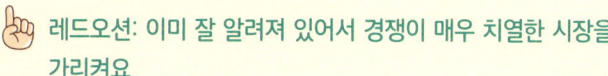 레드오션: 이미 잘 알려져 있어서 경쟁이 매우 치열한 시장을 가리켜요.

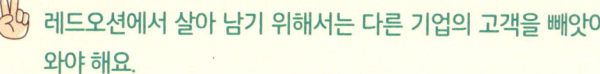 레드오션에서 살아 남기 위해서는 다른 기업의 고객을 빼앗아 와야 해요.

그런데 왜 기업들은 그렇게 치열한 레드오션으로 들어가는 거예요?

이미 그 물건을 사는 사람이 있다는 것이 확인되었기 때문이지. 어떤 물건을 만들어도 팔릴지 안 팔릴지를 걱정하는 것보다는 잘 만들기만 하면 살 사람은 있다! 이렇게 생각되는 시장이 훨씬 더 편안하지 않겠어?
'경쟁이 아주 치열하지만 덜 위험하다.' 이것이 레드오션의 특징이라 할 수 있지.

 그럼 경쟁이 덜 치열한 시장도 있어요?

있지. 레드오션의 반대는 '블루오션(Blue Ocean)'이야. 블루오션은 아직 경쟁이 일어나고 있지 않은 시장이지. 사람들이 아직 쓰지 않는 새로운 물건이나 서비스이기 때문에 내가 만들면 경쟁자 없이 팔 수 있어.

 와, 경쟁자가 없다니 너무 좋은데요?

그럴까? 블루오션에 경쟁이 없다는 건 다행이지만 관심도 없고 수요도 없을 수 있어. 그래서 블루오션에서는 새로운 제품이 나와도 사람들이 잘 모르니까 어리둥절하면서 아무도 안 살 수도 있단다.

그리고 처음에는 블루오션이었지만 시간이 지나면서 레드오션으로 바뀌는 경우도 있어. 순식간에 경쟁자가 생겨 버릴 수도 있다는 말이야. 유튜브가 좋은 예란다.

아빠가 처음에 유튜브를 시작했을 때까지만 해도 크리에이터가 많지는 않았어. 그래서 아빠도 주변에 있는 사람들에게 "지금 유튜브를 시작하시면 유명해질 수 있어요"라고 이야기했었지. 그런데 요즘엔 누가 유튜브를 시작하겠다고 하면 신중하게 생각해 보라고 해. 왜냐하면 크리에이터가 많아졌거든. 요즘엔 기업들도 다 유튜브를 열심히 하니까 경쟁이 엄청 치열해지고 있거든.

 휴, 정말 블루오션이 레드오션이 되어 버렸네요.

이렇게 블루오션은 항상 블루오션으로 머물러 있을 수가 없어. 인기 있고 잘 팔리는 것에는 사람들이 몰려들기 마련이니까 금방 레드오션이 되지.

경쟁이 없는 곳, '블루오션'

 블루오션: 현재 존재하지 않거나 알려지지 않아 경쟁자가 없는 유망한 시장을 가리켜요.

 블루오션은 시간이 지나면서 레드오션이 되기도 해요.

경제에서 경쟁은 피할 수 없어. 그래서 경쟁 상황에 놓였을 때 피하지 않고 최선을 다해 부딪히는 자세가 필요하지. 평소에 대비를 잘해 둔 기업은 강력한 경쟁자가 나타나도 쉽게 무너지지 않는단다. 그런 기업이 오랫동안 살아 남아 소비자들의 선택을 받게 되는 거야.

"아빠, 공부 열심히 했으니까 여기 조금 남은 치즈케이크는 제가 먹어도 될까요?"

"어허! 아빠가 하윤이와 경쟁해서 얻은 건데 다시 뺏어가면 안 되지."

"힝, 너무해요!"

"경쟁에서 중요한 건 진 사람의 깨끗한 인정이야. 그런 의미에서 남은 것까지 아빠가 싹싹 다 먹어야겠다!"

"다음에는 가위바위보 말고 다른 걸로 경쟁해요!"

"그래, 도전은 언제든지 환영이야!"

독점

하나가 모두를 지배해요

> 💡 한 기업이 시장 전체를 좌지우지할 수 있다고요?
> 독이 되기도, 약이 되기도 하는 독점 기업에 대해 알아봐요.
>
> 💡 키워드: 독점, 독점기업, 독점금지법, 공기업

"아빠, 제가 유치원 때부터 다녔던 세계 과자점 있잖아요. 거기가 문을 닫는대요."

"저런, 오래된 가게인데. 무슨 일이 있나?"

"지난달에 그 옆에 오손도손 과자점이 생겼거든요? 세계 과자점보다 가게도 엄청 크고 신기한 과자들도 한가득이에요."

"이런, 세계 과자점이 경쟁에서 밀렸구나!"

"세계 과자점뿐만 아니에요. 근처에 있던 짱 과자점도 문을 안 연 지 한참 됐고요, 그 옆집 과자점도 곧 문을 닫는다고 했어요. 이제 우리 동네 과자 가게는 오손도손 과자점 하나라고요. 제 최애 과자 는 오손도손에 없는데 말이죠!"

"하윤이가 독점기업이 등장하면 어떤 변화가 생기는지를 직접 겪 고 있네. 오늘은 하윤이랑 독점에 대해 이야기해 봐야겠다."

오손도손 과자점이 우리 동네 과자 가게를 독점해 버렸네. 큰 과자집이 생기지 않으면 좋겠지만, 장사를 하지 못 하게 막을 수도 없고. 참 어려운 문제다, 그치?

독점은 '혼자 점령해서 가지고 있다'는 뜻이야. 경제에서는 한 기업이 한 산업 자체를 지배해 버리는 상황을 말하지. 예를 들어 동네에 슈퍼마켓이 딱 한 개밖에 없다고 해 보자. 동네 사람들이 모두 그 가게를 이용할 수밖에 없으니까 사장님이 마음대로 운영할 거야. 물건을 많이 갖춰 놓지 않아도, 손님들에게 조금 불친절하게 대해도 되겠지. 어차피 동네를 점령하고 있으니 손님이 줄어들 걱정은 없잖아.

독점기업이 되면 돈은 많이 벌겠네요. 그런데 저 같은 소비자들은 너무 괴로울 것 같아요. 마음에 들지 않아도 어쩔 수 없으니까요.

맞아. 옛날 미국에 시장을 독점하고 힘을 마구 휘둘렀던 회사가 하나 있었는데, 그 얘기를 좀 해 줄게.

1860년대 미국에 '존 록펠러'라는 기업가가 있었어. 이 사람은 석유 회사를 운영했었는데, 미국에 유통되는 석유의 90%를 독점해 '석유 왕'이라고 불렸지.

석유의 90%를 한 회사가 독점했다고요? 그게 가능한 일이에요?

존 록펠러가 시장을 독점한 전략은 딱 하나였어. 경쟁자보다 싼 가격에 석유를 파는 것! 자기 회사보다 저렴한 가격에 석유를 파는 회사가 나타나면 무조건 그보다 낮은 가격에 석유를 팔았어. 상대 회사가 가격을 더 낮추면 존 록펠러는 가격을 그보다 더 낮췄지. 그렇게 가격을 내리는 경쟁을 계속하면서 상대 회사가 망할 때까지 기다렸단다. 결국 상대 회사가 망해서 경쟁자가 사라지면 바로 석유 가격을 원래대로 올렸어.

 그렇게 경쟁자를 모두 물리치고 독점기업이 된 거예요? 앞에서 아빠가 설명해 주셨던 '경쟁을 넘어 전쟁이다'라는 말이 실감나네요. 다른 회사들을 망하게 했으니까요.

응. 존 록펠러는 미국 석유 시장을 점령하고 난 뒤에는 마음대로 가격을 올렸다, 내렸다 하면서 경제를 좌지우지했단다. 이 때문에 물가가 너무 출렁이니까 시민들은 더 살기 힘들어졌지.

와, 너무 화가 나네요! 누가 나서서 독점기업을 혼내줘야 하는 거 아니에요?

하하, 화가 날 정도야? 다행히 지금은 정부가 법을 만들어 독점기업을 단속하고 있어. 우리나라에는 「독점 규제 및 공정 거래에 관한 법률」이 있어서 몇몇 기업이 시장을 독점하지 못하도록 막고 있지. 이 법률을 '독점금지법'이라고 불러.

> **시장을 장악하는 1등 기업**
>
> ✌ 독점: 개인이나 하나의 단체가 시장을 지배하여 이익을 독차지하는 현상이에요.
>
> ✌ 정부는 시장의 질서를 위해 '독점금지법'을 만들어 독점기업을 단속해요.

존 록펠러는 의도를 가지고 석유 시장을 독점했지만 자연스럽게 한 기업이 시장을 독점하는 경우도 있단다. 하윤이도 좋아하고, 아빠도 즐겨 보는 동영상 플랫폼도 독점기업이라고 볼 수 있는데, 혹시 어딘지 알겠니?

설마, 유튜브 말씀하시는 거예요?

맞아. 2022년을 기준으로 전 세계 26억 명 이상의 사람들이 한 달에 한 번 이상 유튜브를 사용하고 있다고 해. 세계 인구의 3분의 1 정도가 유튜브를 이용하고 있는 셈이니 대단하지?

이렇게 커다란 유튜브 공간 안에는 어떤 사람들이 있을까? 먼저 콘텐츠를 만들어서 업로드하는 크리에이터가 있어. 그리고 콘텐츠를 보는 시청자가 있고, 유튜브에 광고를 하는 기업도 있지.

크리에이터와 시청자, 기업이 모두 유튜브라는 플랫폼 안에 와글와글 모여 있어. 누가 억지로 끌어다 가둔 것도 아닌데 말이야. 그렇게 된 비결이 뭘까?

유튜브에는 재미있는 영상이 진짜 많잖아요. 저도 좋아하는 가수 노래 들으러 종종 들어가요. 자주는…… 아니고요.

유튜브에 처음부터 사람이 많았던 것은 아니야. 원래는 크리에이터가 영상을 만들어도 인터넷에 올릴 수 있는 방법이 많지 않았거든. 그런데 유튜브에서 영상을 마음껏 올릴 수 있는 공간을 만들어 준 거지. 그러니까 크리에이터들이 재미있는 영상을 올리기 시작했고, 많은 사람들이 영상을 구경하러 왔지. 구경하는 사람들이 많아지니까 재미있는 영상을 올리는 사람들도 많아졌고.

그래서 요즘 유명해지고 싶은 사람들은 유튜브에 가장 먼저 영상을 올려. 왜냐하면 다른 사이트에 올려봤자 사람들이 많이 보지 않거든.

광고를 하는 기업도 마찬가지야. 유튜브에 광고를 하면 많은 사람들이 보잖아. 그러니까 신문이나 버스에 광고를 하지 않고 유튜브에 광고를 하지.

광고를 하는 기업이 늘어나면 유튜브는 돈을 많이 벌겠지? 유튜브는 그렇게 번 돈을 유튜버들에게 나눠줘. 그러면 유튜버들은 신이 나서 더 열심히 재미있는 영상을 만들지.

 와, 꼭 톱니바퀴처럼 돌아가네요.

톱니바퀴처럼 꽉 맞물려 돌아가면서 서로 원하는 것을 얻는 이런 구조를 '선순환'이라고 한단다. 유튜브 안에서 선순환

이 계속되는 것을 보며 사람들은 '유튜브를 대신할 만한 플랫폼이 과연 나올 수 있을까?'라는 생각을 하게 돼. 길들여져 버리는 거지.

자연스럽게 독점기업이 된 유튜브

독점기업은 의도적으로 만들기도 하지만 자연스럽게 만들어지는 경우도 있어요.

그런데 아까 아빠가 이야기했던 석유왕 존 록펠러와 유튜브의 독점은 조금 다른 거 아니에요? 유튜브는 영상이니까 못 보면 아쉬운 정도지 죽을 것 같진 않지만, 석유는 전기처럼 없으면 살기 힘들어지잖아요.

그래. 물, 전기, 토지 같은 것을 누가 독점해 버리면 우리나라 국민들의 생활이 아주 힘들어질 거야. 그래서 국민들이 사는 데에 꼭 필요한 공공재는 나라가 소유하고 있어.

아, 우리나라의 전기, 가스, 물, 도로는 모두 정부 거예요?

음, 정확히 말하면 정부가 운영하는 기업의 것이지. 우리나라 정부는 '공기업'을 만들어서 전기, 가스, 물, 도로, 철도 등을 독점적으로 운영할 권한을 주고 있단다.

한국전력공사, 한국가스공사, 한국수자원공사, 한국도로교통공사, 한국철도공사 등은 모두 공공재를 다루는 공기업이야. 공기업은 기업의 이윤을 위해서 일하기보다는 국민들의 안전과 이익을 위해 일하고 있단다.

국민을 위해 일하는 공기업

 공기업: 정부가 소유권을 갖고 있거나 통제하는 기업이에요.

 우리나라 공기업은 전기, 가스, 물, 도로 등 국민이 사는 데 꼭 필요한 자원들을 독점으로 운영하고 있어요. 공기업은 자신들의 이윤보다 국민의 안전과 이익을 위해 일하지요.

 독점은 안 좋은 줄만 알았는데 좋은 독점도 있네요.

국민의 이익을 위해 독점이 이용된다는 게 참 재미있지? 경제에는 이렇게 양면성을 가진 것이 많아. 그러니까 한 부분만 보고 옳다, 그르다를 쉽게 판단하지 않는 자세가 필요하단다.

"아빠, 저는 당분간 오손도손 과자점에 가지 않겠어요."

"정말? 그럼 하윤이 최애 과자를 못 먹는데도?"

"오손도손 과자점의 독점에 항의하는 의미에요. 우리 학교 학생들이 과자를 자유롭게 선택할 권리를 빼앗았잖아요."

"오, 그러니까 독점 반대 시위 같은 거구나? 그 과자 이름이 뭔지 알려 줄래? 슬퍼하는 하윤이를 위해 아빠가 퇴근길에 다른 가게에서 사다 줄게!"

"와, 정말요? 아빠 최고!"

담합
경제를 망치는 어두운 약속

💡 기업끼리 경쟁을 피하고 나쁜 약속을 맺는다고요?
경제를 망치는 어두운 약속, '담합'에 대해 알아봐요.

💡 키워드: 담합, 삼분폭리사건, OPEC, 공정거래위원회

"오늘 학교에서 플리마켓을 했는데 정말 황당한 일이 있었어요."

"무슨 일일까? 어제 신나서 책이랑 인형이랑 잔뜩 챙겨 갔잖아."

"맞아요. 그런데 저처럼 책을 가져 온 애들이 있더라고요. 그래서 저는 친구들보다 1,000원씩 싸게 가격을 매겼거든요?"

"가격 경쟁력을 높이는 전략이구나? 역시 경제 공부를 한 보람이 있네!"

"그런데 책 파는 애들이 몰려오더니 저한테 다 같이 가격을 올려서 팔자는 거예요."

"친구들이 하윤이에게 담합을 하자고 했구나!"

"담합이요? 어휴, 그게 뭔지는 모르지만 저는 그냥 제가 생각한 가격으로 팔겠다고 했어요! 플리마켓은 서로 필요한 물건을 싼 가격에 나누는 게 목적이잖아요."

"하윤이가 아주 잘했네!"

우선 '담합'이라는 단어의 뜻부터 알아볼까? 담합은 '서로 의논해서 합의한다'는 뜻이야.

사람 몇 명이 모여서 속닥속닥 이야기를 하고 말을 맞추는 장면을 떠올려 보렴. 그게 바로 담합을 하는 모습이야.

 아빠, 저 너무 생생하게 그려져요. 오늘 플리마켓에서 책 가격을 올리라고 한 친구들이 딱 그런 모습이었거든요!

기업들이 담합을 해서 소비자에게 큰 피해를 준 사례가 우리나라 역사에 있었어. '삼분폭리사건'이라는 건데 한번 들어 봐.

1964년에 있었던 일이야. 삼분이란 설탕, 밀가루, 시멘트 이렇게 3가지 종류의 가루를 말하는데, 당시엔 이걸 만드는 회사가 별로 없었어.

그러던 어느 날, 3가지 가루를 만드는 회사가 서로 모여서 속닥속닥 이야기를 한 거지. "우리 내일부터 가격 많이 올리자! 어차피 우리가 만들지 않으면 사람들이 사 먹을 수도 없어"라고 하면서 말이야.

그런데 설탕이나 밀가루, 그리고 시멘트는 음식을 만들거나 건물을 지을 때 없으면 안 되는 꼭 필요한 재료잖아. 이렇게 생활에 꼭 필요한 재료들의 가격이 일제히 오르면 무슨 일이 생길까?

 으아, 기업끼리 편을 먹고 소비자를 괴롭힌 거네요? 독점이랑 좀 비슷한 것 같아요.

담합은 독점과는 조금 달라. 한 기업이 시장을 장악하는 게 아니라, 3개나 4개 기업이 힘을 합쳐 가격을 좌지우지하는 거니까. 하지만 담합의 결과와 독점의 결과는 비슷하지. 나라 경제가 어려워지고 소비자들이 피해를 본다는 점에서 말이야.

담합은 소비자에게 불리해요

 담합: 서로 의논하여 합의하는 것이에요.

 시장의 대부분을 지배하는 몇몇 기업들이 담합하면 물가가 많이 오르기도 해요. 그러면 시장은 불안정한 상태가 되고 소비자들은 피해를 입어요.

삼분폭리사건 때 기업들은 담합을 통해 생산량도 조절했어. 가격을 한껏 올려 놓고 생산량을 확 줄인 거지. 결과는 어떻게 됐을까? 가격이 어마어마하게 올랐어. 5,000원 하던 밀가루가 하루아침에 10,000원이 되고 그러는 거야.

 정말 무서운 일이네요. 그런데 그런 속닥속닥하는 모임이 지금도 있어요?

'담합이다!'라고 확실하게 이야기할 수는 없지만, 세계 석유 시장에서도 비슷한 일이 일어나고 있어. 오펙(OPEC)이라는 석유 수출국들의 모임이 있는데 1960년에 만들어졌어. 처음에는 석유가 많이 나는 5개 나라(이라크, 이란, 사우디아라비아, 베네수엘라, 쿠웨이트)가 중심이었는데, 지금은 13개 나라가 참여하고 있어. 그리고 매달 모여서 회의를 한단다.

 매달 모여서 무슨 얘기를 하는데요?

석유 생산국들은 오펙 회의에서 석유 생산량과 가격을 결정한단다. 이것도 담합의 한 형태라고 할 수 있지. 그리고 실제로 담합을 시도한 적도 있었어. 오펙에 속한 나라들이 석유 생산량을 줄이고 가격을 확 올린 바람에 1973년, 1978년 두 차례에 걸쳐 전 세계 경제가 혼란에 빠졌거든. 이것을 '오일 쇼크'라고 해. 석유 때문에 세계 경제가 큰 충격을 받은 유명한 사건이란다.

> **석유 수출국들의 모임, 오펙**
>
> 👆 오펙(OPEC): 1960년에 만들어진 석유 수출국들의 모임이에요. 13개 나라가 가입되어 있으며, 매달 회의를 통해 석유 생산량과 판매 가격을 정해요.
>
> ✌️ 오펙이 석유 가격을 결정하고 생산량을 조정하는 것도 담합의 한 형태라고 할 수 있어요.

기업들은 가격을 올리는 것뿐만 아니라 다른 방법으로 담합을 하기도 해. 아빠가 쉽게 설명해 줄게.

소비자 입장에서는 품질이 좋은 제품을 싸게 살 수 있으면 좋다고 했잖아. 그럼 반대로 기업 입장에서는 1) 적당히 좋은 제품을 2) 비싸게 파는 것이 좋겠지? 그러니까 가격을 올리지 않더라도 '더 좋은 제품을 만드는 경쟁은 하지 말자'고 하는 것도 담합이 될 수 있어. 그럼 더 좋은 제품을 만드는

데 쓰는 돈을 다 같이 줄일 수 있는 거지.

그런데 잘 생각해 보면 그건 기업의 손해야. 소비자들은 계속해서 새롭고 편한 제품을 원하는데, 그런 제품이 없는 기업은 결국 외면받기 때문이지. 또, 기업은 항상 더 많은 이윤을 내기 위해 일한다는 걸 잊으면 안 돼. 좋은 제품을 개발하고, 그만큼 비싼 값에 팔아서 더 많은 이윤을 내는 게 중요하지.

가격을 올리는 담합이든 내리는 담합이든, 생산량을 늘리는 담합이든 줄이는 담합이든, 기업의 담합은 모두 좋지 않은 결과를 가져온단다. 소비자는 담합으로 인한 피해를 받을 수밖에 없고 말이야.

 독점을 법으로 금지했던 것처럼 담합도 법으로 금지해야 하는 거 아니에요? 아무 죄 없는 소비자들에게 피해를 주는 행동이잖아요.

하윤아, 진정해. 정부에서 이미 그런 역할을 하는 기관을 마련해 뒀으니까. '공정거래위원회'라는 곳이 있는데 이곳에서 기업의 담합을 단속하고 있어.

이름만 들어도 느낌이 오지? 말 그대로 기업들이 공정한 거래를 하도록 만드는 곳이야. 공정한 거래를 하지 않는 기업을 찾아서 경고하고 때로는 벌을 주기도 한단다.

경제에 대해 공부할수록 똑똑한 소비자가 되어야겠다는 생각이 들지 않니? 아빠는 하윤이와 친구들이 기업들의 옳지 않은 행동에 이의를 제기할 수 있는 멋진 어른으로 자랐으면 좋겠구나.

> "아까 플리마켓에서 책 가격을 올리지 않은 건 잘한 일 같아요. 사실 비싸게 팔면 이윤을 더 남길 수 있으니까 조금 흔들렸거든요."
> "하윤이가 담합에 동참했다면 친구들은 돈을 더 주고 책을 사야 했을 거야."
> "어허, 경제를 열심히 공부하는 어린이로서 소비자에게 손해를 주는 일을 할 수는 없죠!"
> "그렇지! 더불어 나도 언제든 담합의 피해자가 될 수 있다는 걸 기억해야 한단다."
> "맞아요. 경제는 돌고 도는 거니까요."

무역

나라끼리 서로 필요한 것을 사고팔아요

💡 수출품과 수입품이 오가는 무역!
관세부터 경제동맹까지 무역의 모든 것을 알아봐요.

💡 키워드: 무역, 수입, 수출, 관세, 보복관세, 경제동맹

"아빠, 저기 메뉴판에 김치는 국산, 돼지고기는 수입산이라고 적혀 있네요."

"이 김치찌개에 들어 있는 돼지고기는 해외에서 사 왔나 봐."

"우리나라에서도 돼지를 키우잖아요. 그런데 왜 돼지고기를 외국에서 사 와요?"

"우리나라에서 생산하는 양으로는 부족하기 때문이야. 각 나라는

무역을 통해 필요한 물건을 사 오고, 많이 생산한 물건을 팔지."

"아하! 나라끼리 하는 거래를 '무역'이라고 하는군요?"

"맞아. 오늘은 하윤이랑 무역에 대한 이야기를 좀 해 볼까?"

'국산품'은 우리 나라에서 생산한 상품을 말해. 반면 '수입품'은 다른 나라에서 우리나라로 들여온 상품을 말하지. 세계 각 나라는 외국에서 필요한 상품을 사 오고, 잘 만드는 상품은 외국에 가져가서 판단다. 이것을 각각 '수입'과 '수출'이라고 하는데, 수입과 수출을 통틀어 '무역'이라고 해.

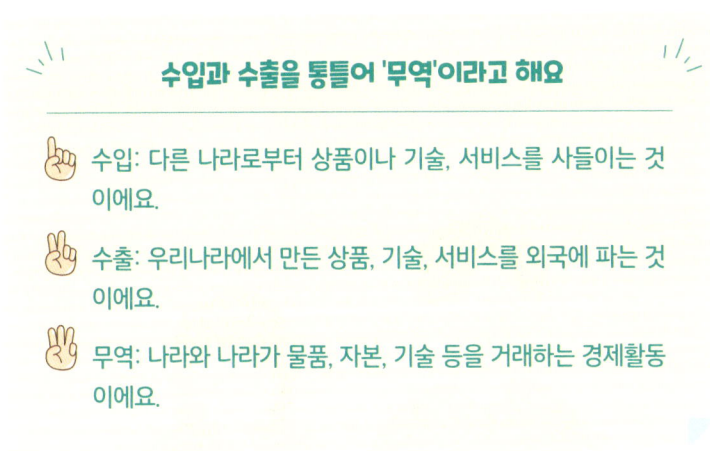

 아빠, 우리나라는 어떤 걸 수출해요?

하윤이도 잘 알고 있을 것 같은데……. 우리나라의 대표적인 수출품은 바로 반도체야.

아! 알아요. 우리나라에서 제일 큰 회사 알아볼 때 나왔잖아요. 삼성전자와 SK하이닉스가 세계에서 제일 잘 만드는 거죠!

맞아. 대부분의 전자기기에 들어가는 반도체가 우리나라의 대표적인 수출품이란다. 스마트폰, 텔레비전, 냉장고 같은 가전제품과 의약품, 자동차도 많이 수출하고 있지. 사실 우리나라는 품목을 지정하기 어려울 정도로 다양한 제품과 서비스를 외국에 팔고 있어.

 그럼 반대로 우리가 수입하는 상품은 뭐예요?

우리는 외국에서 '자원'을 수입한단다. 자원이라는 것은 자연에 있는 것 중에서 우리의 생활에 도움을 주는 걸 말해. 대표적인 것이 에너지를 만드는 데 사용되는 기름, 천연가스, 석탄 같은 것들이야. 이런 자원을 불에 태우면 열도 나고 에너지도 나오는데, 이렇게 만들어진 에너지로 많은 것들을 할 수 있지. 만약 우리나라에도 자원이 많았다면 얼마나 좋았을까?

안타깝게도 우리나라에는 우리가 쓸만큼의 자원이 별로 없어. 그래서 다른 나라에서 사와야 하지. 대신 우리나라는 그렇게 사 온 자원을 활용해서 반도체나 자동차 같은 상품을 만들어서 다른 나라에 팔아.

 아빠, 이건 좀 억울한데요? 우리나라는 열심히 기술을 개발하고, 공장도 만들어서 반도체, 가전제품, 자동차를 만들잖아요. 자원이 풍부한 나라는 그냥 땅에 묻혀 있는 걸 캐서 파는 거고요!

아빠도 가끔 그런 마음이 들 때가 있어. 하지만 반대로 생각해 보면 우리나라는 척박한 환경 덕분에 훌륭한 기술력을 갖추게 된 것 아닐까? 상품뿐만 아니라 기술력도 수출할 수 있으니까 너무 억울하게 생각할 필요는 없어.

우리나라가 무역을 열심히 해야 하는 이유는?

- 우리나라에는 우리가 쓸 수 있는 자원이 부족해요. 특히 사회 곳곳에서 쓰이는 원유(기름)는 한 방울도 나지 않지요.
- 우리나라는 필요한 자원을 수입하기 위해 다른 나라에서 만들지 못하는 반도체 같은 제품을 월등히 뛰어난 기술로 만들고 있어요.

수출이나 수입을 할 때는 '관세'라는 것을 내. 관세는 상품이 국경을 넘을 때 내는 세금을 뜻한단다.

그런데 조금 이상하지 않니? 각 나라가 서로 필요해서 무역을 하는 거잖아. 세금도 돈인데 왜 무역할 때 돈을 더 내야 하는 걸까?

맞아요. 그냥 자유롭게 물건을 사고 팔면 안 되는 거예요? 우리나라나 다른 나라나 꼭 필요하니까 무역을 하는 거잖아요.

여러 가지 이유가 있지만 자기 나라의 상품을 보호하기 위해 관세를 매기는 경우가 많아.

예를 들어 설명해 볼게. 중국은 인구가 많기 때문에 인건비가 우리나라보다 훨씬 싸. 그래서 같은 상품도 중국에서는 훨씬 싸게 만들 수 있지.

우리나라는 1만 원으로 티셔츠 한 장을 만들 수 있는데, 중국은 똑같은 티셔츠를 3,000원에 만든다고 해 보자. 이 티셔츠를 중국이 우리나라에 수출하면 어떻게 될까?

우리나라 티셔츠가 3배 넘게 비싼 거네요? 똑같은 제품이면 값이 싼

중국 티셔츠를 살 거예요.

바로 그런 이유 때문에 물건을 팔 때마다 관세를 내도록 하는 거야. 예를 들어 중국에서는 티셔츠를 3,000원에 만들 수 있지만, 그 티셔츠를 우리나라에서 팔려면 관세를 5,000원 내야 된다고 해 보자. 우리나라 사람들은 중국에서 만든 티셔츠를 8,000원에 사야 하니까 우리나라에서 만든 티셔츠 가격(1만 원)이랑 큰 차이가 없게 돼. 그럼 우리나라에서 옷을 만드는 회사가 중국 회사로부터 보호받을 수 있겠지?

 아빠, 그럼 좋은 생각이 있어요. 모든 수입품에 관세를 엄청 많이 내라고 하는 거예요. 그러면 수입품은 엄청 비싸고, 국산품은 싸지니까 사람들이 국산품만 쓸 거예요. 우리나라 기업들이 돈을 잘 벌면 우리 경제도 좋아지고, 얼마나 좋아요?

좋은 생각이긴 한데 모든 나라가 하윤이처럼 생각한다면 어떻게 될까?
중국에서 저렴한 제품이 들어오면 우리나라 기업들이 함부로 가격을 올리지 못하지만, 수입품이 없어서 경쟁 상대가 없어지면 가격이 조금씩 오르겠지?

그리고 이런 모습을 보는 다른 나라 사람들은 무슨 생각을 할지도 생각해 봐. '한국에 물건을 팔려면 세금을 많이 내야 해. 우리는 저 나라랑 거래하지 말아야지!' 이렇게 생각하지 않을까? 그러면 우리가 꼭 수입해야 하는 상품도 못 들여 오는 일이 생길 수 있어.

또 중국에게 보복을 당할 수도 있어. 우리나라도 중국에 수출할 때 관세를 많이 내야 하는 거지. 이렇게 상대 국가에게 피해를 받은 만큼 다시 되돌려주는 것을 '보복관세'라고 해.

이야길 들어보니까 나라들이 싸움할 때 관세를 무기처럼 사용하는 것 같네요.

아빠도 관세가 무기 같다는 생각을 했는데 같은 생각을 하다니 정말 대단한데?

그런데 하윤아, 만약 관세의 대상이 탱크나 미사일 같은 무기라면 어떨까?

으, 왜 그래요? 무섭게……. 설마 전쟁이 나는 건 아니죠?

하하, 그런 건 아니야. 최근에는 일반적으로 사용하는 물건에만 관세를 매기는 것이 아니더라고. '이 물건은 무기를 만드는 데 사용될 수 있는데, 그러면 우리를 공격할 수도 있잖아? 그럼 관세를 부과할 거야!'라고 하는 경우도 있더라고. 대표적인 예가 반도체야. 아주 작은 반도체가 그렇게 중요한 역할을 한다는 것이 놀랍지 않니?

 휴······. 무역은 참 어렵네요.

물건이 국경을 넘어가면 세금을 내야 한대요!

 관세: 나라끼리 무역을 할 때 내는 세금이에요.

 어떤 나라에 부당하게 높은 관세를 매겼다면 복수를 조심해야 해요. 나라가 받은 피해를 되갚으려고 '보복관세'를 부여할 수도 있거든요.

 서로 싸우지 않고 사이좋게 거래를 하는 나라들은 없나요?

나라끼리 약속을 하고 일정한 지역이나 어떤 구역 안에서는 관세 없이 무역을 하기도 한단다. '자유무역 지역'이라고 부르지.

'우리끼리는 그냥 관세 매기지 말자. 우리는 너희 나라가 만든 물건이 꼭 필요하고, 너희 나라는 우리가 만든 물건이 꼭 필요하잖아. 어차피 서로 많이 주고받을 테니까 세금 없이 거래하는 게 어때?' 하고 합의하는 거야. 이것을 '경제동맹'이라고 하는데 나라 간의 이익이 맞아떨어졌을 때 이루어질 수 있어.

무역할 때 특별한 관계

👆 자유무역 지역: 다른 나라와 상품이나 자원을 사고팔 때 관세 같은 제약을 두지 않도록 특별히 지정한 지역이에요.

✌️ 경제동맹: 경제적으로 밀접한 이해관계를 가진 나라들 사이에 생기는 경제, 금융 동맹을 말해요.

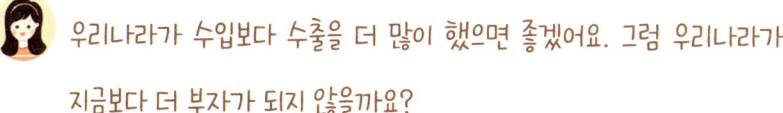
우리나라가 수입보다 수출을 더 많이 했으면 좋겠어요. 그럼 우리나라가 지금보다 더 부자가 되지 않을까요?

수출은 아주 많이, 수입은 아주 적게 하는 것이 우리나라 경제에 도움이 된다고 생각할 수도 있어. 하지만 수입을 통해서 우리나라 산업을 발전시킬 수도 있단다. 외국에서 품질이 좋고 저렴한 제품을 수입해 오면 우리나라 기업들도 잔뜩 긴장을 하기 때문에 더 좋은 상품을 만들기 위해 노력하게 되거든.

더 좋은 제품을 만들기 위해서 경쟁하게 된다는 것은 기업 입장에서는 피곤한 일이지만, 우리 입장에서는 더 좋은 제품을 싸게 살 수 있으니까 좋지. 그럼 소비자도 기분이 좋아서 더 많이 사주니까 결과적으로 경제도 더 좋아지게 되겠지? 긴장하며 경쟁하는 관계가 된다는 것은 모두에게 혜택이 돌아간다는 것을 의미한단다.

경제 이야기를 하다 보면 계속 '적당한 게 좋은 거다'라는 결론이 나는 것 같네? 수입을 통해 건강한 경쟁 관계가 이어질수록 모두가 혜택을 본다는 것, 잘 알겠지?

"아빠, 저 결심했어요."

"갑자기 무슨 결심을 했을까?"

"자원을 찾으러 갈래요. 땅은 작지만 분명 우리나라 어딘가에 석유가 묻혀 있을 거예요!"

"아쉽지만 이미 많은 기업들이 시도해 봤단다. 과학자들도 오랫동안 연구했고 말이야. 안타깝지만 우리나라 땅과 바닷속에 천연자원은 거의 없단다."

"말도 안 돼. 너무 절망적이에요!"

"음……. 하윤아, 우리나라가 가진 자원은 따로 있는데 말이지."

"역시! 숨은 자원이 있었던 거죠? 뭔데요?"

"하윤이나 아빠 같은 '사람'이야. 크기도 작고 천연자원도 없는 우리나라가 세계 10위권의 경제 강국이 된 비결은 바로 똑똑한 국민들 덕분이란다. 하윤이도 좋아하는 일을 열심히 해서 멋진 수출품을 만들어 보는 건 어떨까?"

"오, 그거 좋은 생각인데요? 그럼 저는 끝내주는 모바일 게임을 만들래요. 그러니까 오늘부터 핸드폰 이용 시간 좀 늘려 주세요!"

제3장

우리나라는 부자예요?

국내총생산

한 나라의 경제 규모를 파악하는 지표

💡 손흥민 선수가 돈을 많이 벌면 우리나라 경제 순위도 올라갈까요? 국내총생산에 대해 알아봐요.

💡 국내총생산, GDP, 최종생산물, 시장 가치

"아빠, 기사 보셨어요? 손흥민 선수는 1주일에 3억 원도 넘게 번대요."

"맞아. 손흥민 선수 한 명이 1년에 벌어들이는 수입이 웬만한 중소기업만큼은 될 걸?"

"이야, 대단하다! 손흥민 선수가 이렇게 돈을 많이 벌면 우리나라의 세계 경제 순위도 막 올라가겠죠?"

"음, 그건 조금 다른 문제인데? 영국에서 활동하는 손흥민 선수의 연봉은 GDP에 들어가지 않거든."

"GDP? 그게 뭔데요?"

'국내총생산'이란 '한 나라 안에서 이루어진 모든 생산 활동을 시장 가격으로 환산한 금액'을 말해. GDP라는 말 들어봤지? 국내총생산을 영어로 'Gross(총합) Domestic(국내의) Product(생산품)'라고 하는데, 각 단어의 앞 글자만 따서 GDP라고 표시하는 거야. 국내총생산은 한 나라의 경제 규모를 평가하는 지표이기도 하지.

그럼 우리나라의 국내총생산은 얼마나 돼요? 우리나라가 몇 등인지도 궁금해요!

2022년 우리나라의 국내총생산은 2,150조 원인데, 대략 2,000조 원이라고 외워 두면 좋을 거 같아.
순위도 궁금하다고 했지? 국내총생산의 순서로 따져 보면 우리나라는 세계 13위 정도 된단다. 1위는 미국인데 국내총생산은 우리나라보다 열 배는 더 커.

얼마 전에 우리나라가 월드컵 16강에 진출했었잖아요. 그런데 잘사는 기준으로 봐도 13등이라니 비슷하네요. 그런데 13등이면 잘사는 거예요? 아니면 못사는 거예요?

사실 우리나라는 너무 가난해서 순위 안에 들지도 못할 때가 있었어. 월드컵에 비유하면 예선에서 탈락해서 본선에는 나가지도 못한 거라고 생각하면 되겠구나.

1974년 우리나라 국내총생산은 195억 4,000만 달러, 당시 돈으로 환산하면 25조 원가량이었지. 지금은 2,000조 원이니까 50년 만에 어마어마하게 성장한 거야. 정말 대단하지? 하윤이의 할아버지가 어렸을 때만 해도 지금과 분위기가 무척 달랐어. 빌딩과 아파트는 상상할 수 없었고 먹을 것도 부족하던 시절이었지. 그런데 지금은 전혀 아니지? 예전에는 '한국' 하면 외국인이 몰랐던 시절이 있었는데 지금은 다 알잖아. 이런 한국의 변화를 숫자로 나타내는 여러 가지 방법이 있는데 국내총생산이 그중 하나야.

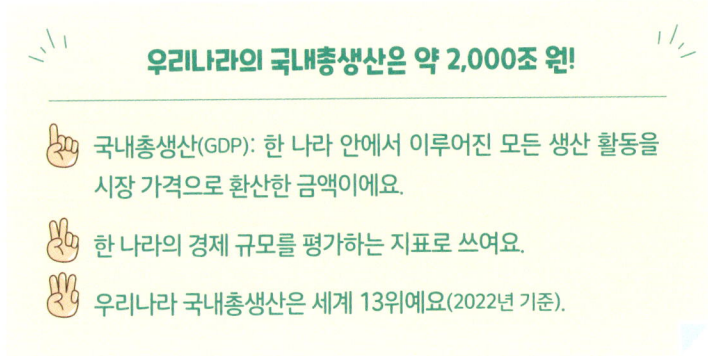

우리나라의 국내총생산은 약 2,000조 원!

☝ 국내총생산(GDP): 한 나라 안에서 이루어진 모든 생산 활동을 시장 가격으로 환산한 금액이에요.

✌ 한 나라의 경제 규모를 평가하는 지표로 쓰여요.

🤟 우리나라 국내총생산은 세계 13위예요(2022년 기준).

그런데 아빠…… 솔직히 국내총생산? 그러니까 GDP가 잘사는 순서를 나타낸다는 건 알겠는데, 무슨 뜻인지는 잘 모르겠어요.

그럼 하나씩 나눠서 이해해 보자. 각각의 용어를 들여다 보면 자연스럽게 이해할 수 있을 거야.
국내총생산을 계산할 때는 네 가지 기준이 있어. 1) 1년 동안 한 나라 안에서 2) 새롭게 만들어진 3) 최종생산물의 4) 시장 가치를 따진다. 지금부터 이 기준들을 하나씩 따져 가며 설명해 볼게.

첫째, '1년 동안 한 나라 안에서'라고 했지? 여기에서는 '한 나라'라는 것이 중요해. 우리나라 땅 안에서 이루어지는 생산 활동만 국내총생산에 포함시킨다는 뜻이거든. 즉, 외국인이 우리나라에서 일을 한 것은 국내총생산에 포함되지만 우리나라 사람이 외국에서 일을 한 것은 국내총생산에 포함되지 않아.

 아, 그래서 손흥민 선수가 영국 프리미어리그에서 뛰며 버는 돈은 우리나라의 국내총생산에 들어가지 않는 거군요?

맞아. 아쉽지만 손흥민 선수의 연봉은 영국의 국내총생산에 포함된단다. 반대로 우리나라 축구 팀에서 뛰는 외국 선수들의 연봉은 대한민국 국내총생산에 들어가지.

둘째, '새롭게 만들어진'이라는 부분도 좀 헷갈릴 수 있어. 올해 새롭게 만든 상품만 국내총생산에 포함되거든. 하윤이가 갖고 싶어 하는 핸드폰을 예를 들어서 설명해 볼게.

예를 들어, 삼성이 2022년에 만들어 둔 핸드폰을 창고에 넣어뒀다가 2023년에 팔았다면 이것은 2023년 국내총생산에 해당할까, 해당되지 않을까?

올해 새롭게 만들어진 것만 포함되니까 2023년 국내총생산에 들어가지 않아요!

그렇지. 올해 만든 상품을 올해 팔아야만 국내총생산에 포함되는 거야.

셋째, '최종생산물'은 뭘 말하는 걸까? 이번에도 핸드폰으로 예를 들어 볼게. 이 작은 핸드폰 안에는 굉장히 많은 부품이 들어 있잖아. 각각의 부품을 누가 만드는지 살펴 보니 A라는 회사가 부품을 만들려면, B와 C 회사에서 재료를 받아와야 하고, D라는 회사는 E, F, G 회사의 도움을 받아…….

 으아, 그만! 너무 복잡해요. 그렇게 복잡한 것을 어떻게 하나씩 따져가면서 계산해요?

복잡하지? 그래서 모든 것을 다 합쳐서 나온 마지막 완성물, 즉 '최종생산물'의 가격만 더하기로 한 거야. 중간에 들어가는 부품들, 그러니까 중간재는 따로 계산하지 않는 거지.

마지막으로 '시장 가치'는 시장에서 정한 가격을 말해. 누군가가 시장에서 돈을 주고 산 것만 생산물이라고 본다는 거야. 물건이든 서비스든 돈을 주고받으며 거래하는 것만 국내총생산에 포함돼.

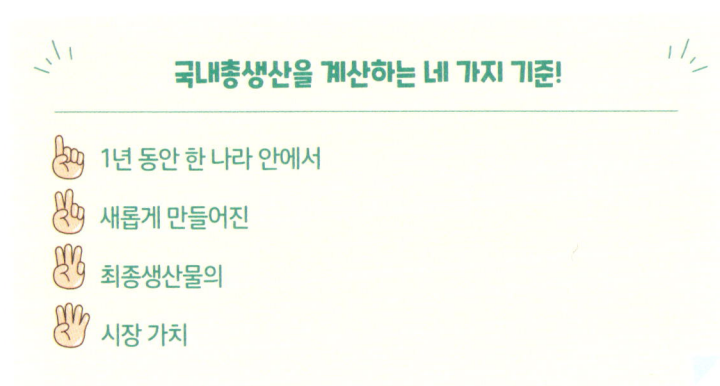

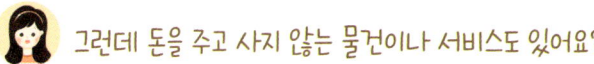 그런데 돈을 주고 사지 않는 물건이나 서비스도 있어요?

우리 집에 하윤이 친구들이 놀러 와서 아빠가 맛있는 파스타를 만들어 줬어. 아빠가 하윤이랑 친구들에게 파스타를 주면서 "1인당 만 원씩 내세요" 하지는 않잖아? 하윤이 친구들이 우리 집에 왔으니까 대접하는 거지. 이런 경우에 아빠가 만든 파스타는 시장 가치가 없는 거야.

그런데 어느 날 아빠가 만든 파스타를 플리마켓에 나가서 한 그릇에 1만 원씩 받고 팔았어. 그럼 이건 시장 가치가 있는 거야. 돈을 받고 팔았으니까.

 같은 행동인데도 돈이 오고 갔는 지에 따라서 가치를 인정받기도 하고 그렇지 않기도 하는 거네요.

그런데 아빠가 열심히 파스타를 만들어 줘서 친구들이 맛있게 먹었으면 좋은 거 아니에요? 그런데 친구들이 돈을 내지 않았다고 국내총생산을 계산하는 데 들어가지도 않는다니, 너무해요!

하윤이 말이 맞긴 한데, 그렇다고 국내총생산을 계산할 때 친구들에게 "얼마나 감사하면서 먹었니?"라고 물어보면서 감사한 정도를 계산하는 건 더 어려울 것 같지 않아? 그래서 어쩔 수 없이 돈이 오고 가는 경우만 계산하는 거야.

이 '시장 가치'라는 기준 때문에 국내총생산이 실제보다 작게 계산되는 경우가 있어. 집안일을 생각해 보자. 아빠랑 엄마가 청소, 빨래, 요리, 설거지 같은 집안일을 매일 하잖아. 만약 이 일을 누군가가 돈을 받고 하면 국내총생산에 포함되겠지.

 하지만 아빠랑 엄마는 돈을 받지 않고 집안일을 하기 때문에 국내총생산에 포함되지 않는다는 거죠?

그렇지. 국내총생산은 모든 나라에서 측정해 발표하기 때문에 나라 간 경제 규모를 비교할 때에는 유용하게 쓰이지만 정확한 수치는 아니라는 점을 기억하렴.

"대~한민국! 와! 손흥민 선수가 골을 넣었다!"

"이야, 역시 월드클래스는 다르네!"

"아빠, 손흥민 선수가 나중에 우리나라 축구 감독을 하면 좋겠어요! 그러면 우리나라 국내총생산을 높이는 역할도 하고, 우리 축구 수준도 높아지지 않을까요?"

"좋은 선수가 국가대표 감독이 되는 경우도 많으니까, 하윤이가 어른이 될 때쯤에는 그런 일이 일어날 수도 있겠구나."

"그러면 저는 더 열심히 응원할 거예요! 대~한민국!"

세금

나라 살림을 위한 돈

> 💡 정부는 왜 세금을 걷을까요? 그리고 왜 사람마다 세금을 다르게 낼까요? 대한민국 국민에게 주어지는 의무 중 하나인 '세금'에 대해 알아봐요.
>
> 💡 키워드: 세금, 간접세, 직접세, 소득세, 법인세, 재산세

"나 참, 정말 황당하네!"

"하윤아, 무슨 일이야?"

"이것 좀 보세요. 제가 편의점에서 젤리를 사고 영수증을 받았거든요. 1,500원을 냈는데 글쎄 알고 보니 젤리값이 1,350원이더라고요!"

"응? 그게 무슨 말이야."

"아이참. 여기 지렁이 젤리 1,350원, 부가세 150원이라고 적혀 있잖아요. '세'라고 써 있는 건 세금 아니에요? 어린이한테 무슨 세금을 걷냐고요!"

"자자, 하윤아 흥분하지 말고 아빠 말 좀 들어 봐. 오늘은 세금에 대해 알려 줄게."

학생이라면 꼭 해야 하는 숙제처럼 대한민국 국민에게는 네 가지 의무가 있어.

첫째, 국방의 의무. 나라를 지켜야 하는 의무야. 둘째, 근로의 의무. 누구나 일을 해야 한다는 거고. 셋째, 교육의 의무. 하윤이가 학교에서 공부하는 것도 의무지. 마지막 넷째는 납세의 의무. 국민이라면 누구나 세금을 내야 한다는 거야. 세금을 내면 그 돈은 정부로 들어가니까 정부 입장에서는 수입이라고 할 수 있어. 정부는 국민들을 위해서 많은 일들을 하는데, 그 과정에서 돈이 필요하겠지? 이때 국민들이 낸 세금이 쓰인단다.

 흠. 그런 거라면 조금 이해가 되긴 하지만, 그렇다고 해도 저처럼 어린아이한테도 세금을 내라고 하는 건 너무한 것 같아요.

우리나라뿐만 아니라 전 세계 모든 나라가 국민들로부터 세금을 걷고 있지. 심지어 세금을 걷기 시작한 건 기원전 3400년부터라고 해.

 헉, 원시시대에도 세금을 걷었다고요?

당시에 그려진 벽화를 보면 '사람들이 농사를 지어서 37개월간 2만 9,086자루의 보리를 세금으로 냈다'는 기록이 남아 있어.

기원전 200년 이집트에서는 세금을 깎아 달라는 요청도 있었대. 이집트를 지배하던 그리스인들이 세금을 올리려고 하니까 이집트인들이 '우리는 더 이상 세금을 내지 않겠다'며 반발했다고 하더라고. 그리스인들이 반란을 일으킬까 봐 두려웠던 그리스 왕은 밀린 세금을 거두지 않겠다고 약속하고 이 내용을 '로제타석'이라는 돌에 새겨 두었지.

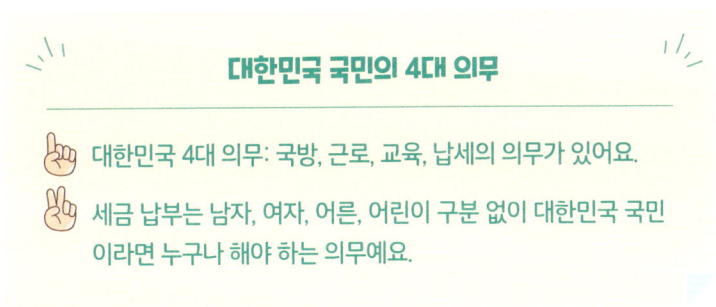

대한민국 국민의 4대 의무

- 대한민국 4대 의무: 국방, 근로, 교육, 납세의 의무가 있어요.
- 세금 납부는 남자, 여자, 어른, 어린이 구분 없이 대한민국 국민이라면 누구나 해야 하는 의무예요.

 세금 내는 게 아깝다고 생각하는 건 옛날이나 지금이나 똑같네요. 이렇게 사람들이 싫어하는데, 나라에서 세금 좀 안 걷으면 안 될까요?

세금을 걷지 않으면 정부에서 하는 모든 일이 일시정지 될 텐데? 지난 시간에 배웠던 공공재, 그걸 누가 만든다고 했지?

 정부가 직접 만들거나 공기업을 통해 만들고 관리한다고 했죠.

그래. 공공재같이 나라 안에 꼭 필요한 것을 만들고 관리하는 데에 세금이 쓰여. 정부 기관의 일을 맡아 하는 공무원들의 월급을 주고, 각종 복지 정책을 시행하는 것도 세금으로 운영하는 거란다. 복지 정책이란 국민 누구나 인간답고 행복하게 살 수 있도록 정부에서 지원하는 각종 제도를 말해. 복지에 대해서는 뒤에서 다시 한 번 자세히 이야기할 거야.

 아, 그렇군요. 국민들이 내는 세금으로 정부가 공공재를 만들고, 복지도 시행하고……. 엇, 잠깐만요 아빠! 그러면 세금을 너무 조금 내고 있는 것 같은데요? 물건을 사면서 몇백 원, 몇천 원 내는 세금으로 그 모든 일을 다 할 수는 없을 것 같아요.

하윤이가 편의점에서 낸 세금의 이름은 '부가가치세'인데, 이런 세금 외에도 여러 종류의 세금이 있단다. 이야기가 나온 김에 세금의 종류에 대해 알아볼까?

부가가치세는 '간접세'에 속해. 정부가 국민 한 명 한 명에게 "세금 내세요"라고 직접적으로 얘기를 하지 않지만 물건을 사거나 어떤 일을 하면서 자연스럽게 내게 되는 세금을 간접세라고 한단다. 아까 하윤이가 산 젤리가 1,350원인데 부가세가 150원이라고 했지? 이렇게 간접세는 자연스럽게 물건 값에 포함되어 있어. 영수증을 자세하게 살펴보지 않으면 내가 세금을 냈는지 안 냈는지도 모르는 사람도 많지. 정부 입장에서 제일 걷기 쉬운 세금이 '간접세'란다.

 그럼 정부에서 국민들에게 직접 세금을 걷기도 해요?

응. 이것을 '직접세'라고 한단다. 직접세에도 여러 가지가 있어. 먼저 엄마랑 아빠가 일을 해서 버는 돈에 붙는 세금이 그렇지. 엄마, 아빠의 월급명세서를 보면 월급이 있고, 거기에 '소득세'라는 항목의 세금이 떼져. 회사에서는 자동으로 소득세를 빼고 엄마, 아빠한테 월급을 주지. '우리나라에서 일해서 돈을 벌었으니 세금을 내세요'라는 의미야.

소득이 있으면 무조건 세금을 내야 한다는 거죠? 알겠어요, 아빠!

그리고 엄마, 아빠에게 월급을 주는 회사도 돈을 번 만큼 세금을 낸단다. 이걸 '법인세'라고 해.

그리고 집, 차, 부동산 같은 재산을 가지고 있는 사람이 내는 '재산세'가 있지. 재산이 많을수록 세금을 많이 내야 해.

또 부모님이나 가족으로부터 재산을 받았을 때도 세금을 내야 해. 이런 세금을 '상속세'라고 하지. 진짜 종류가 많지?

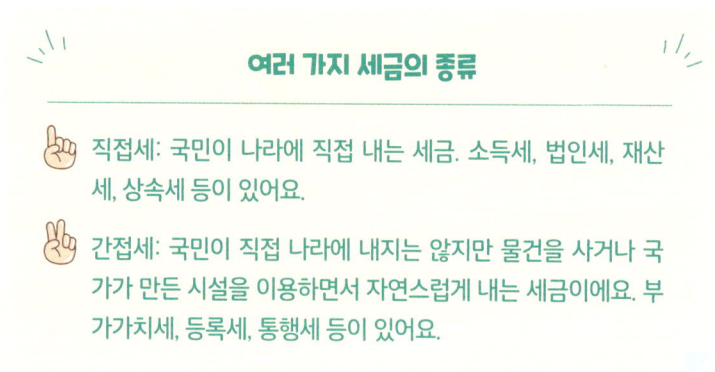

여러 가지 세금의 종류

☝ 직접세: 국민이 나라에 직접 내는 세금. 소득세, 법인세, 재산세, 상속세 등이 있어요.

✌ 간접세: 국민이 직접 나라에 내지는 않지만 물건을 사거나 국가가 만든 시설을 이용하면서 자연스럽게 내는 세금이에요. 부가가치세, 등록세, 통행세 등이 있어요.

자, 그러면 세금은 얼마를 내야 할까? 이 질문은 한 번에 대답하기 어려워. 세금은 각각 다른 비율로 내거든.

어휴, 세금은 종류도 이렇게 많은데 각각 다른 비율로 낸다고요? 복잡하지 않게 다 똑같이 걷으면 안 돼요? '1인 당 한 달에 30만 원씩 세금 내세요.' 이렇게 하면 편할 것 같은데.

그렇게 하면 어려움에 처하는 사람이 생길 거야. 한 달에 300만 원 버는 사람은 세금 30만 원을 내도 270만 원으로 생활할 수 있지만, 한 달에 50만 원 버는 사람은 세금 30만 원을 내고 나면 20만 원으로 한 달을 살아야 하잖아.

 앗, 그렇네요. 제 생각이 짧았어요.

가난한 사람과 부유한 사람 사이의 격차를 줄이는 것도 세금을 내는 목적 중 하나란다. 그래서 우리나라는 소득의 규모에 따라 세금을 다르게 걷고 있어. 예를 들면 월급이 300만 원인 사람에게는 세금을 10% 받고, 월급이 600만 원인 사람에게는 세금을 20% 받는 식이지.
정부는 이렇게 돈을 많이 버는 사람에게 세금을 더 많이 걷고, 정부의 도움이 필요한 사람에게 나누어 준단다. 그래야 다 같이 잘 사는 나라가 될 수 있겠지?

여기서 잠깐, 우리나라 정부가 1년 동안 세금으로 벌어들이는 돈은 얼마나 될까?

 음······. 얼마나 돼요? 엄청 많을 것 같긴 한데 전혀 감이 안 잡혀요.

2022년 기준으로 396조 원의 세금이 걷혔다고 해. 우리 어떤 회사가 제일 큰지 알아볼 때 시가총액을 공부했지? 삼성전자의 시가총액이 400조 원이 조금 안 되니까 삼성전자와 비슷한 규모라고 할 수 있지. 그러니까 정부는 이렇게 많은 돈을 잘 써야 되는 의무를 가지고 있는 거야. 국민들은 정부가 그 돈을 엉뚱한 곳에 쓰고 있는 것은 아닌지 잘 감시해야 하지.

"아빠, 세금에 대한 설명을 듣는 동안 제 생각이 정말 여러 번 바뀐 것 같아요.
"사실 세금까지 알려줘야 하나 고민했었는데 그렇게 말해 주니 알려 주길 잘했다는 생각이 드네."

"처음에는 왜 어린아이에게도 세금을 내라고 하냐고 하면서 화를 냈었거든요."

"그런데 정부의 역할을 알고 나니 세금이 꼭 필요하겠다는 생각이 들지?"

"네, 그래서 고개가 끄덕여졌죠. 그런데 또 듣다 보니까 세금의 종류도 너무 많고, 내야 하는 돈도 많은 거예요."

"흠, 그래서?"

"솔직히 억울한 느낌이 조금 들었거든요? 그런데 부자가 아니라 꼭 필요한 사람들을 위해서 그 돈이 쓰인다고 하니까 이해가 되기도 했어요."

"맞아. 세금을 걷는 정부의 입장을 생각해 보면 금방 이해가 될 거야. 세금을 다 합치면 400조 원에 가까운 큰돈이 된다고 했지? 이 돈을 어떻게 하면 잘 쓸지 고민하는 건 정부의 의무야! 우리 납세의 의무를 잘 지키면서 세금의 쓰임도 지켜보자고!"

소득

돈을 버는 여러 가지 방법들

💡 회사에서 열심히 일해 버는 소득 외에도 다양한 소득이 있어요.

📌 키워드: 소득, 근로소득, 사업소득, 재산소득, 이전소득, 경상소득, 비경상소득

"이번 달은 다른 달보다 소득이 적어서 돈을 아껴 써야겠네."

"아빠, 뭐 하세요?"

"이번 달 우리 집의 가계 예산을 짜고 있지."

"가계 예산이요?"

"응, 이번 달에 우리 집에 들어올 소득이 얼마인지 계산해서 얼마를 저금하고, 얼마를 쓸지 미리 계획을 세우는 거야."

"와, 재미있겠다! 저도 같이 해도 돼요?"

"물론이지!"

"아빠, 그런데 소득이랑 월급은 다른 말인가요?"

지난 시간에 배운 세금 기억나니? 정부의 입장에서는 세금이 '버는 돈'이라고 했잖아? 정부가 버는 돈이 우리에게 걷은 '세금'이라면, 우리도 돈을 벌어야 세금을 낼 수 있겠지? 우리가 버는 돈은 '소득'이라고 한단다.

 그럼 소득은 엄마, 아빠가 회사에서 받는 월급을 이야기하는 거예요?

월급은 일을 한 대가로 한 달에 한 번씩 받는 돈을 이야기해. 그런데 돈을 벌 수 있는 방법은 일을 하고 월급을 받는 것 말고도 다양하단다. 그래서 월급은 여러 가지 소득 중 하나라고 생각하면 돼.

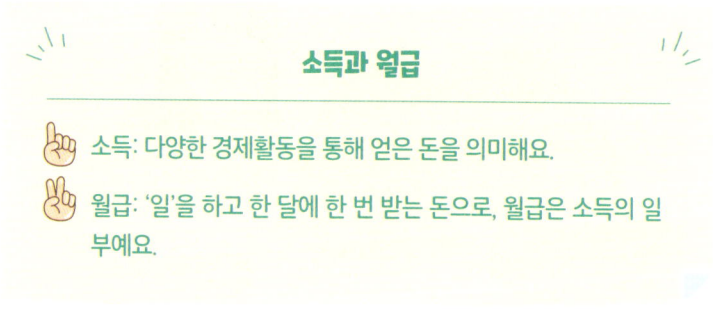

소득과 월급

👉 소득: 다양한 경제활동을 통해 얻은 돈을 의미해요.

👉 월급: '일'을 하고 한 달에 한 번 받는 돈으로, 월급은 소득의 일부예요.

대부분의 어른들이 직장에서 일을 하고 돈을 벌지? 이렇게 부지런히 일해서 버는 돈을 '근로소득'이라고 해. 우리나라에서는 근로소득을 매달 월급으로 받지. 해외에서는 1주일마다 '주급'으로 받기도 한단다.

또 다른 소득으로는 '사업소득'이 있어. 우리 집 앞에 있는 편의점은 편의점 사장님 거지? 이렇게 회사나 가게, 공장을 직접 운영해서 얻는 소득을 '사업소득'이라고 해. 농부가 농사를 짓거나 어부가 고기를 잡아 번 돈도 사업소득이야.

 역시 돈을 벌려면 열심히 일을 해야 하는군요.

일을 하지 않고도 돈을 벌 수 있는 방법이 있어. 바로 '재산소득'이라는 거야. 앞으로 살아갈 세상에서는 열심히 일을 해서 버는 근로소득도 중요하지만, 이미 벌어 둔 돈을 굴려서 벌 수 있는 재산소득도 매우 중요하니까 잘 기억해 두렴. 재산은 한자로 '재물 재(財)', '낳을 산(産)' 자를 쓰는데 재물이 재물을 낳는다는 뜻이야. 가지고 있는 재산을 투자해서 얻는 소득이 여기에 속하지. 은행에 돈을 저금하고 이자를 받는 '이자소득', 내가 가지고 있는 집이나 땅을 남에게 빌려주고 임대료를 받는 '임대소득' 등이 재산소득이야.

아빠, 저는 어린이라서 회사에서 일해서 근로소득을 얻기 힘들고, 재산도 없으니까 재산소득도 만들 수 없어요. 모두 저랑은 아무 상관없는 말들 같아요.

아빠가 하윤이가 버는 돈을 빼먹었구나. 용돈이 있잖아. 용돈은 '이전소득'이라고 하는데, 이전소득은 한자로 '옮길 이(移)', '구를 전(轉)' 자를 써. '다른 곳에 있던 돈이 나에게 옮겨와서 생기는 소득'이라는 뜻이지. 일을 하지 않고 생기는 수입으로 볼 수 있어. 정부에서 국민에게 주는 보조금, 연금, 각종 수당, 보험금, 그리고 용돈. 이런 게 모두 이전소득이야.

 저의 소득은 매주 엄마가 주시는 용돈이니까 저는 이전소득으로 생활하는 사람이네요!

하하, 그렇네. 자, 그럼 우리 지금까지 이야기한 소득을 정리해 볼까? 근로소득, 사업소득, 재산소득, 이전소득을 통틀어 '경상소득'이라고 해.

소득의 4가지 종류

 근로소득: 육체적·정신적 노동을 하여 얻는 소득이에요.

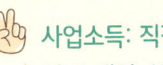 **사업소득**: 직접 사업을 하면서 번 돈. 농업, 어업, 제조업, 도매업, 소매업, 서비스업 등을 통해 생기는 소득이에요.

 재산소득: 집이나 땅처럼 가지고 있는 재산을 투자해서 얻는 소득이에요.

 이전소득: 생산이나 노동을 하지 않고 얻는 소득이에요. 정부에서 주는 보조금, 보험금, 연금 등은 이전소득에 속해요.

4가지 소득의 공통점이 뭘까?

 대충 어느 정도 벌 수 있다고 예상할 수 있다는 점?

이야, 하윤이 눈치가 빠르네. '경상'이 변하지 않고 늘 일정하다는 뜻이거든. 그러니까 경상소득은 비교적 일정하고, 또 정기적으로 얻는 소득이라는 말이야.

경상소득의 반대는 '비경상소득'이야. 예상치 못하게, 일시적으로 들어오는 소득이지. 대표적인 것이 복권 당첨금이란다.

> ### 꼬박꼬박 들어오는 소득이 중요해요!
>
> ☝ **경상소득**: 일정하고 정기적으로 들어오는 소득. 근로소득, 사업소득, 재산소득, 이전소득은 경상소득이에요.
>
> ✌ **비경상소득**: 변동이 심하거나 일시적으로 들어오는 소득. 복권 당첨금, 사고 보상금, 퇴직금은 비경상소득이에요.
>
> 🖖 가정에서 수입과 지출을 계획할 때 수입은 고정적으로 얻을 것으로 기대되는 경상소득만 고려해야 해요.

 생각했던 것보다 소득의 종류가 많네요. 돈을 버는 방법이 이렇게 많은 줄 몰랐어요.

그럼. 소득은 우리가 경제활동을 하는 이유이기도 하고, 가정을 움직이는 원동력이기도 하니까 아주 중요하지. 소득이 있어야 가족이 살 집도 사고, 옷도 사고, 먹을 것도 사 먹을 수 있잖아. 또 정부에 세금도 내고.

집집마다 안정적인 소득이 있어야 기업도, 정부도 제대로 돌아갈 수 있단다.

"하윤이랑 우리 집 소득과 지출에 대해 이야기하는 날이 오다니, 정말 감동이다."

"헤헤, 그동안 아빠랑 경제 공부를 한 덕분이죠! 아빠, 그런데 말이에요. 저도 예산이라는 걸 한번 세워 보고 싶은데……."

"오, 좋은 생각인데!"

"그런데 용돈이 워낙 적어서 계획하기가 참 어렵네요?"

"용돈을 올려달라는 말이지? 그냥은 안 되고, 집안일 아르바이트를 하면 어때? 하윤이도 근로소득을 만들어 보는 거지!"

"집안일을 해서 돈을 번다는 거죠? 좋아요! 뭐부터 할까요? 시켜만 주세요!"

복지

국가의 존재 이유

💡 정부는 국민들이 행복하게 살 수 있도록 다양한 복지 제도를 시행하고 있어요. 복지는 왜 필요하고 어떤 방식으로 시행되고 있을까요?

💡 키워드: 복지, 선별적 복지, 보편적 복지, 사회보장제도

"아빠, 저 오늘 신기한 사실을 알게 되었어요."

"어떤 신기한 사실?"

"제가 학교에서 매일 먹는 급식 있잖아요. 그게 공짜래요!"

"하하하, 그게 신기했어?"

"네. 전교생에게 공짜로 밥을 주다니. 우리 학교 엄청나게 부자인가 봐요."

"학교에서 급식값을 내는 건 아니고, 나라에서 세금으로 내는 거야. 무상 급식은 어린이들이 건강하게 잘 자랄 수 있도록 나라에서 시행하는 대표적인 복지 제도이지."

"무상 급식? 복지 제도? 그게 다 뭐예요?"

먼저 '복지'에 대해 알아봐야겠구나. 복지는 한자로 '행복 복(福)', '행복 지(祉)' 자를 쓴단다.

'행복'이라는 뜻이 두 번이나 반복되니까 왠지 기분이 좋아져요! 복지는 행복과 깊은 관계가 있는 것 같아요.

복지란, 건강하고 안전하고 편안한 환경 속에서 행복을 누리는 상태를 말해. '복지 제도'는 국민의 복지를 위해 정부에서 펼치는 여러 가지 정책을 뜻하는 말이고.

아하! 무료로 급식을 먹으면 건강하고 행복한 상태가 되니까 '복지'인 건가요?

하하, 해석이 아주 좋은데? 맞아. 어린이들이 건강하고 행복하도록 나라에서 밥을 공짜로 주고 있는 거지. 이렇게 아무런 대가나 보상 없이 식사를 주는 것을 '무상 급식'이라고 해. 우리나라는 초등학생을 대상으로 학교에서 무상 급식을 하고 있단다.
그런데 하윤이랑 친구들은 키가 크든 작든, 집이 부자든 아니든 누구나 무료로 급식을 먹잖아? 이렇게 모두가 동일하게 혜택을 누리는 것을 '보편적 복지'라고 해.

반대로 특정한 조건을 갖춘 사람, 그러니까 집안 형편이 안 좋아서 도움이 꼭 필요한 친구들에게만 무료로 급식을 제공한다면 그건 '선별적 복지'라고 한단다.

> **국민의 행복을 지키는 정부!**
>
> ☝ 복지: 건강하고 안전하고 편안한 환경 안에서 행복을 누리는 상태를 가리켜요.
> ✌ 보편적 복지: 사회 구성원 모두가 동일한 복지 서비스를 받는 것을 말해요.
> 🤟 선별적 복지: 일정한 기준을 두고 필요한 사람들에게만 제한적으로 복지 서비스를 제공하는 것이에요.

영국에 '윌리엄 베버리지'라는 이름의 할아버지가 1942년에 보고서를 하나 쓰셨어. 1942년이면, 하윤이 할아버지가 태어나시기도 전이니까 엄청 옛날 일인 거지. 그 보고서 맨 처음에 나오는 문구가 '요람에서 무덤까지'였어. 요람은 어린 아이를 재우는 침대 같은 걸 말해. 그러니까 '요람에서 무덤까지'는 국민이라면 누구나 태어나서 죽을 때까지 국가가 책임을 져야 된다는 의미지. 그 이후부터 베버리지 할아버지의 보고서는 복지에 대해서 이야기할 때 빠지지 않고 나오는 중요한 보고서가 되었단다. 영국뿐만 아니라 전 세계 복지 제도의 기초를 닦은 셈이지.

 할아버지가 태어나시기도 전에 있었던 일이라고 하니 신기하네요. 지금은 당연해 보이지만 그때는 그렇지 않았나 봐요?

1940년대 영국의 경제 상황은 심각했어. 2차 세계대전이 끝난 지 얼마 되지도 않아서 일자리는 부족하고, 사람들은 가난해졌지. 심지어 먹을 것이 없어서 길에서 굶어 죽는 사람까지 있었어. 상황이 너무 심각해지니까 영국 정부는 고민을 했어. 국민들이 다시 행복해질 수 있도록 하려면 어떻게 해야 할까?

그래서 베버리지 할아버지에게 "보고서를 한 번 써 주세요"라고 했던 거야. 그리고 할아버지 이름을 따라 베버리지 보고서라고 불렸지.

그런데 이 보고서가 나오자마자 모든 사람에게 환영을 받았던 것은 아니었어. 국민들의 행복을 책임진다는 것은 너무 좋은 일이지만 '돈은 어디서 구하냐' 하는 비판을 받았기 때문이야. 그런 비판이 있었음에도, 어쨌든 베버리지 보고서가 받아들여졌어.

영국에서 시작된 복지 제도는 유럽을 거쳐 전 세계로 뻗어 나갔고, 그로부터 80년이 지난 지금은 국민들이 행복하게 잘사는 복지 국가를 목표로 삼는 나라가 늘었단다.

대통령 선거를 할 때 보면 '복지 국가'라는 말을 많이 하던데, 그 이유가 여기 있었네요.

맞아. 우리나라에도 국민들이 경제적으로 어려움을 겪을 때 국가가 적극적으로 나서서 문제를 해결하고 도움을 줘야 한다고 주장하는 정치인이나 학자들이 많이 있지.

아빠, 혹시 몸이 아파서 일을 못하게 되면 정부에서 돈을 빌려주는 복지 제도도 있나요? 예지네 엄마랑 아빠가 같이 차를 타고 가시다가 교통사고가 나서 다치셨대요. 두 분 다 병원에 입원하셔야 된다던데, 그러면 예지네는 수입이 없어지잖아요.

저런, 큰일이네? 하지만 오랫동안 입원해야 하는 게 아니라면 너무 걱정하지 않아도 될 것 같아. 국가에서 어느 정도 소득 지원을 받을 수 있거든.

병에 걸리거나, 갑자기 직장을 잃거나, 장애가 생겨서 국민들이 힘들어할 때 돕는 제도를 '사회보장제도'라고 하는데, 예지네 가족도 그 혜택을 받을 수 있을 거야.

 아, 정말 다행이에요. 예지에게 얼른 알려줘야겠다! 경제 공부를 하니까 친구에게 도움도 줄 수 있네요.

갑작스런 사고를 당한 국민을 위한 사회보장제도

☝ 갑작스런 병, 실업 등으로 인해 생활이 불편해져도 너무 걱정하지 마세요.

✌ 정부에서 국민을 보호하고 여러 가지 도움을 주는 '사회보장제도'가 있대요.

아빠가 최근에 본 신문 기사를 읽어 줄게. 한번 들어 봐. 유럽 대륙의 북쪽에 스웨덴이라는 나라가 있어. 그 나라의 국민들은 학비를 내지 않고 대학교 공부까지 할 수 있대. 그

리고 병원비는 1년에 15만 원까지만 내도록 되어 있대. 아무리 큰 병에 걸려서 비싼 수술을 해도 15만 원만 내면 된다는 거야.

 와, 진짜 좋은데요? 저 그 나라 가서 살고 싶어요!

아빠도 참 부럽더라고. 그런데 스웨덴 정부는 돈이 어디에서 나서 전 국민에게 그런 복지를 제공하는 걸까?

 앗! 그렇네요. 그럼 많은 돈이 필요할 텐데……. 누군가는 세금을 많이 내야겠죠?

맞아. 복지 제도가 잘되어 있는 나라의 국민들은 세금을 어마어마하게 많이 낸단다. 복지 제도를 만들고 실행하기 위해서는 세금을 많이 걷어야 하기 때문에 정부가 마음대로 제도를 만들 수 없어. 국민들과 합의를 통해 신중하게 결정하고 행동해야 하지.

 아빠, 저는 세금을 좀 내더라도 복지 제도가 잘 되어 있는 나라에서 행복하게 살고 싶어요.

선진국과 비교했을 때 우리나라의 복지 수준은 아직 낮은 수준이거든. 그러니까 아빠 생각에는 하윤이가 어른이 되고 나서도 복지 제도는 계속 발전할 것 같아. 정부와 국민들이 계속해서 서로 소통하며 좋은 제도를 만들어 나가다 보면 우리나라도 언젠가는 스웨덴 이상으로 살기 좋은 곳이 되지 않을까?

 그럼요! 그날이 빨리 오면 좋겠네요.

"아빠, 우리 집에도 복지 제도가 하나 필요해요."
"어떤 복지 제도?"
"일주일에 한 번 가족 나들이 하기! 요즘 엄마 아빠 두 분 다 너무 바빠서 저랑 안 놀아 주시는 거 알아요?"
"아이쿠, 하윤아. 그 말을 들으니까 아빠가 너무 미안해지는걸?"
"이제 날씨도 따뜻해졌으니까 주말마다 공원에 가서 자전거 타는 거 어때요?"

"그래. 아빠도 오랜만에 자전거가 타고 싶구나!"

제4장

우리는 언제나 선택해야 해요

선택

경제 공부의 첫걸음

💡 국어, 수학도 힘든데 경제까지 공부해야 할까요?
세계적인 부자, 워런 버핏 할아버지의 이야기를 들어 봐요.

💡 키워드: 선택, 자산, 경제 공부, 워런 버핏

"……."

"하윤아, 무슨 생각을 그렇게 해?"

"엄마가 어린이날 선물을 고르라고 하셨거든요. 그때는 배가 고파서 피자를 먹고 싶다고 했는데…… 글쎄 오늘 아이브 앨범이 나온 거 있죠!"

"하하, 잘못 선택했다고 속상해하고 있었구나?"

"이번 앨범은 포토북에 폴라로이드 사진까지 들어 있대요. 이럴 줄 알았으면 피자 안 먹고, 아이브 앨범 나오면 사달라고 하는 건데……."

"지금은 많이 아쉽겠지만 이런 경험들이 쌓여서 점점 후회 없는 선택을 하게 될 거야. 선택도 자주 하면 실력이 쑥쑥 늘어나거든! 오늘도 하윤이가 좋은 경제 공부를 했네!"

"엥? 이것도 경제 공부라고요?"

"그럼, 경제 공부지!"

제4장. 우리는 언제나 선택해야 해요

하윤아, 우리가 처음 경제를 공부하기 시작했을 때 아빠가 가장 먼저 설명했던 단어가 뭐였는지 기억해?

 거래요! 경제는 수많은 거래들로 만들어졌다고 했어요.

경제라는 게 수없이 많은 거래들이 모여서 이루어진다는 건 너무너무 중요한 개념인 것 같아. 사실 아빠가 지금까지 경제를 가르쳐 준 건 하윤이가 거래를 잘했으면 하는 바람에서 시작된 거란다.

앞으로 하윤이는 수없이 많은 거래를 하게 될 거야. 그리고 거래를 할 때마다 반드시 해야 하는 것이 있는데 그건 바로 '선택'이야.

 아, 선택! 선택은 너무 어려워요.

좋든 싫든 살면서 '선택'하는 걸 피할 수는 없어. 더 중요한 것은 앞으로 해야 할 선택들이 점점 더 커진다는 사실이야. 지금은 '1,000원으로 뭘 사 먹을까?' 하는 간단한 선택이었다면, 나중에는 '어떤 대학교를 갈까?' 하는 조금 어려운 선택을 하게 될 거야. 조금 더 크면 '어떤 사람이랑 결혼할까?', '어떤 직업을 가져야 할까?', '집은 얼마를 주고 사야 될까?' 같은 고민도 생길 텐데 이것도 결국은 여러 가지 후보들 중에서 하나를 골라야 하는 '선택'의 문제가 되지.

아빠는 하윤이가 경제 공부를 해야 하는 이유가 결국, 조금 더 좋은 선택하기 위해서라고 생각해.

나중에 점점 더 큰 선택을 해야 된다면 지금 작은 선택을 할 때 연습을 해 놔야겠네요!

좋은 생각이다! 더 좋은 선택을 하기 위해서는 조금 잘못된 선택을 하더라도 용기를 내서 선택하는 연습을 해 보는 게 좋아. 달리기도 연습을 해야 느는 것처럼 선택도 자꾸 해야 늘거든. '아, 내가 여기까지 생각하고 선택을 했어야 했는데……' 하고 후회하면서 배우는 거야. 다음에 더 좋은 선택을 하는 데 꼭 필요하지. 그때가 되면 아빠랑 했던 경제 공부가 도움이 될 거야.

근데, 아빠. 저는 솔직히 학교에서 다른 공부하는 것도 힘들어요. 경제

공부를 꼭 지금부터 해야 돼요?

진짜 좋은 질문이다! 학교에서도 안 배우는데 경제를 따로 배워야 하는 이유가 있을까? 아빠도 많이 고민해 봤는데 아주 중요한 이유가 있더라고.

우리 집을 한번 생각해 볼까? 집도 있고, 차도 있고, 피아노, 또 냉장고도 있지? 아빠는 주식도 좀 있단다. 이런 것들을 '자산'이라고 하는데 이런 자산은 어떻게 생긴 걸까?

사실 우리 집 자산은 아빠가 작년에 '살까? 말까?' 고민하다가 산 것들이야. 아, 작년이 아니라, 2년 전, 아니 10년 전…… 아니다. 생각해 보니 아빠가 하윤이만 할 때부터 고민했었는데, 그게 다 모여서 지금 우리 집의 자산이 된 거야.

살까? 말까? 더 열심히 고민해 보아요!

 달리기를 연습하는 것처럼, 선택도 연습하다 보면 좋은 선택을 할 확률이 올라가요.

 물건을 살지 말지 고민하는 것도 하나의 '선택'이에요.

아빠가 저만 했을 때부터 했던 선택이 지금 우리 집의 자산을 만든 거라고요?

아빠는 열두 살 때 '수학 공부를 열심히 해야지!'라고 생각해서 공부를 열심히 하기로 선택했었어. 그 선택이 지금의 아빠를 만들었으니 그때부터 했던 아빠의 선택들이 모여서 우리 집 자산이 된 거라고도 볼 수 있지.

아빠가 강조하고 싶은 것은 하윤이가 지금 하는 선택도 모두 10년 후, 그리고 20년 후 하윤이가 갖게 될 자산을 결정하는 데 중요한 영향을 준다는 사실이야. 그러니까 경제를 생각하지 않고 그냥 선택하는 것과 경제를 배우고 고민해서 선택하는 것과는 정말 큰 차이가 날 거야.

그리고 어릴 때부터 배워서 더 좋은 선택을 할 수 있게 되면 나중에는 그 차이가 훨씬 더 커지게 되어 있어. 혹시 아빠가 작년에 미국에 가서 만나고 온 할아버지 기억나?

 아빠가 사준 반팔 티셔츠에 그려져 있는 부자 할아버지 말하는 거죠?

맞아. 워런 버핏 할아버지는 전 세계에서 알아주는 부자야.

그런데 이 할아버지는 열한 살에 처음 투자를 시작했다고 하더라고.

 우와! 딱 저랑 비슷한 나이에 투자를 시작했네요?

그런데 이 할아버지는 "열한 살보다 훨씬 더 어렸을 때 빨리 투자를 시작했어야 했다. 나는 열한 살까지 내 인생을 낭비하고 있었다"라고 이야기했어. '지금도 이미 부자면서 욕심쟁이 아니야?'라고 생각할 수도 있지만, 아빠는 워런 버핏 할아버지가 왜 그렇게 이야기하셨는지 알 것 같아.

예를 들어 보자. 버핏 할아버지가 어렸을 때 1,000만 원으로 투자를 시작했다고 해 볼까? 그리고 투자를 잘 해서 10%를 벌었다고 해 보자. 그럼 얼마를 번 거지?

 1,000만 원의 10%면, 100만 원이요!

맞았어! 그런데 열한 살부터 투자를 시작했고, 10%의 수익률을 매년 올렸다고 생각해 보자. 첫해에 1,000만 원의 10%인 100만 원의 수익을 냈다면, 다음 해는 1,000만 원에 이자 100만 원을 더한 1,100만 원의 10%가 수익이 되는 거야. 계산기를 두드려 보면 1,100만 원의 10%는 110만 원이네. 그럼 수익이 그다음 해는 1,210만 원의 10%, 그다음 해는 1,311만 원의 10%가 되지. 이렇게 점점 돈이 늘어나는 거야. 이런 계산을 조금 어려운 말로 '복리'라고 해. 복리란 이자가 원래 돈에 더해져서 이자에도 이자가 붙는 것을 의미해. 조금 복잡하지?

 이자가 이자를 만들어 내는 거네요!

맞아. 바로 그게 워런 버핏 할아버지가 하루라도 빨리 투자를 시작하고 싶었던 이유야. 이자에 이자가 붙는 기간이 늘어날수록 돈도 많아지거든.

워런 버핏 할아버지의 재산이 지금 100조 원이 넘는다고 해. 100조 원에 10%면 얼마일까? 10조 원이네! 여기서 100조 원은 갑자기 생긴 돈이 아니라 옛날부터 투자하면서 이자에 이자가 붙으면서 만들어진 금액이라고 생각하면 돼.

 이자가 100만 원에서 10조 원으로 커지다니. 정말 대박이에요!

그래서 워런 버핏 할아버지가 열한 살도 늦었다고 말한 거야. 조금이라도 빨리 시작했다면 이자에 붙는 이자가 더 많았을 거니까. 아마 100조 원보다 더 많은 돈을 모으지 않았을까?

워런 버핏 할아버지는 더 큰 부자가 되고 싶다는 것이 아니라, 그만큼 빨리 '선택'이라는 것을 경험해 보는 것이 중요하다는 것을 말하고 싶었던 것 같아. 나이가 들수록 더 중요한 결정을 해야 하니까 어릴 때 미리 선택하는 연습을 해 보라는 의미인거지.

하윤이도 지금부터 선택하는 연습을 시작하면 훨씬 더 큰 부자가 되겠는걸?

워런 버핏 할아버지처럼 부자가 되고 싶다면?

☝ 100조 원이라는 어마어마한 돈을 가진 워런 버핏 할아버지는 열한 살에 투자를 시작했어요.

✌ 투자는 '올바른 선택'을 하는 것이 중요해요.

✌ 심사숙고해 선택하는 것도 부자가 되는 과정이에요.

아빠, 버핏 할아버지처럼 저도 선택을 잘하고 싶어요! 어떻게 해야 할까요?

경제 생활을 하면서 제일 많이 고민하게 되는 선택은 바로 살까, 말까 하는 고민이야.

 젤리를 살까, 말까 하는 고민은 더 어렸을 때부터 많이 했었어요. 이렇게 사소한 것도 다 도움이 되는 거예요?

그럼, 당연하지. 이때 중요한 건 어떻게 선택했느냐 하는 거야. 좋은 선택을 하기 위해서는 '가치'와 '가격'의 차이를 알아야 해. 1권에서 배웠었지?
'가치'는 하윤이가 무언가를 샀을 때 느끼는 만족감이라고 했어. 그런데 이 만족감이라는 건 참 모호한 거야. 반대로 '가격'은 물건을 살 때 내야 되는 돈이라서 너무 확실하게 알 수 있는 값이지. 그러니까 좋은 선택은 하윤이가 느끼는 만족감에 비해서 가격이 쌌을 때의 소비를 말하는 거겠지? 반대의 경우는 뭘까?

제가 느끼는 만족감에 비해서 가격이 더 비쌀 때요! 그렇다면 잘못된 선택을 한 거겠네요!

바로 그거야. 사실 아빠는 지금도 수없이 많은 거래를 하고 있지만 어떤 것을 선택하는 건 여전히 어려워. 그래도 연습을 많이 하고 열심히 고민해서 그런지 옛날보다는 훨씬 잘하는 것 같아. 처음에는 정말 못했거든.

 아빠도 처음부터 잘한 게 아니라니는 말을 들으니까 힘이 나는 것 같아요. 저도 지금은 잘 못해도 나중에는 잘할 수 있겠죠?

당연하지! 앞으로 더 좋은 선택을 할 수 있도록, 선택을 할 때 어떤 요소를 생각해 봐야 하는지 공부해 보자.

"아빠, 저 다시 기분이 좋아지고 있어요."
"와, 다행이다! 어떤 생각을 했길래 아이브 앨범까지 잊을 수 있었을까?"

"제가 워런 버핏 할아버지처럼 세계적인 부자가 되는 상상을 했어요. 저는 열두 살부터 경제 공부를 했으니까 충분히 가능해요! 부자가 되면 아이브 앨범 500장도 살 수 있을걸요?"

"그럼, 당연하지. 아빠랑 콘서트장도 같이 가면 좋겠다!"

"아빠, 제가 부자가 돼서 표도 다 사 드릴게요, 하하!"

기회비용

최선을 선택하는 방법

> 💡 떡볶이를 먹을까, 김밥을 먹을까? 고민할 때 물건값 말고 내야 하는 비용이 더 있대요. 선택에 따르는 '기회비용'에 대해 알아봐요.
>
> 💡 키워드: 기회비용, 암묵적 비용, 매몰 비용

"하윤아, 무슨 생각을 그렇게 골똘히 하니?"

"아빠, 저 지금 선택의 기로에 서 있어요. 이번 달 용돈이 딱 5,000원 남았거든요. 그런데 떡볶이도 먹고 싶고, 김밥도 먹고 싶어요."

"음, 그건 아빠도 결정하기 어려운 문제인걸?"

"네. 그래서 한 시간 째 고민하고 있어요."

"하윤이의 선택을 위해서 오늘은 아빠가 '기회비용'에 대해 알려 줘야겠다."

하윤이가 고민하는 이유가 뭘까? 하윤이가 가진 5,000원으로는 떡볶이, 김밥을 둘 다 사 먹을 수 없기 때문이야.

아빠는 선택의 다른 표현이 '포기'라고 생각해. 김밥과 떡볶이 둘 중 하나를 선택한다는 것은 나머지 하나를 포기한다는 말과 같잖아. 이렇게 하나를 선택하고 나머지를 포기하는 것 때문에 생기는 손해를 '기회비용'이라고 해.

 아하! 기회를 포기해서 생기는 비용이니까 '기회비용'이라고 하는군요.

만약 어느 하나를 선택하기 어려울 때는 기회비용을 생각해 보는 것도 방법이야. 예를 들어 하윤이가 김밥을 선택했다면 떡볶이는 포기한 것이고, 떡볶이가 줄 수 있었던 가치는 기회비용이 되는 거지. 그럼 여기서 문제를 하나 내 볼까? 기회비용은 큰 게 좋을까? 작은 게 좋을까?

 비용이니까 작으면 좋겠죠?

딩동댕! 얻을 수 있는 가치가 큰 것을 선택하는 것도 좋지만, 기회비용이 적은 것을 선택하는 것도 방법이야.

재미있는 것은 기회비용은 사람에 따라 다르다는 거야. 하윤이가 분식집에 가서 메뉴판을 보니 '오늘은 치즈 김밥만 팝니다'라고 써 있는 거야. 그런데 하윤이는 치즈 김밥은 싫어하잖아. 그럼 선택을 하기 쉽겠지? 치즈 김밥을 싫어하는데 김밥이 그것밖에 없다면, 김밥을 선택하진 않을 거잖아. 그런데 아빠는 치즈 김밥도 좋아하고, 떡볶이도 좋아해. 당연히 하윤이보다 훨씬 많이 고민하겠지? 어렵게 떡볶이를 선택했다고 해도 아빠 머리속에는 '아, 치즈 김밥을 먹었으면 어땠을까?' 하는 생각이 날거야. 반면 하윤이는 어차피 치즈 김밥을 싫어했으니까 후회도 없겠지.

 선택을 할 때는 크든 작든 반드시 기회비용이 발생하지만, 사람이나 상황에 따라서 기회비용이 클 수도 있고 작을 수도 있는 거네요.

기회비용이란?

☝ 하나만 선택하고 나머지를 포기함으로써 발생하는 손해예요.
✌ 선택할 때는 크든 작든 반드시 기회비용이 발생해요.

좀 더 어려운 개념도 알아볼까? 비용이라는 것은 뭔가를 할 때 내야 되는 돈이라고 할 수 있거든? 그런데 돈을 주는 건 눈에 보이고 명확하기 때문에 쉽게 알 수 있어. 눈에 딱 보인다고 해서 '명시적 비용'이라고 하지. 예를 들어 김밥을 사 먹을 때 내야 하는 돈 5,000원은 명시적 비용이야.

김밥을 먹지 않고, 5,000원을 은행에 저금했다고 해 볼까? 그럼 1년 후에는 은행에서 500원 정도의 이자를 주겠지. 저금했을 때 받는 이자 500원은 김밥을 사 먹었다면 받을 수 없는 돈이지. 그런데 대부분은 그렇게까지 생각하지 못해. 이렇게 눈에 잘 띄지 않는 비용을 '암묵적 비용'이라고 해.

 눈에 보이는 것보다 보이지 않는 것이 더 중요하다고 배웠어요. 근데 선택할 때 그런 것까지 생각해야 한다니 좀 어렵긴 하네요.

'보이지 않는 비용'이 있다고요?

☝ 저금을 하고 1년 뒤에 받는 '이자'처럼, 선택을 하는 순간에는 보이지 않는 비용이 있을 수 있어요.

✌ 이런 비용을 '암묵적 비용'이라고 해요.

이런 경우도 있어. 오랫동안 고민해서 기회비용이 작다고 생각하는 쪽을 선택했는데, 시간이 지나면서 '아, 내가 잘못 선택했구나!' 하고 깨닫는 경우 말이야.

오랜 고민 끝에 하윤이가 떡볶이를 주문했는데 너무 맛이 없는 거야. '차라리 좋아하지 않는 치즈 김밥을 먹을걸!' 하는 생각이 들 정도로. 그러면 어떻게 하겠니?

 돈도 아깝고 고민한 시간도 아까워서 그냥 떡볶이를 다 먹을 것 같아요.

이렇게 실패할 것이 확실하지만 이미 시간, 돈, 노력 등이 들어가 땅에 파묻혀 버린 비용을 '매몰 비용'이라고 해.

예를 들어 영화를 보러 영화관에 갔는데 볼수록 너무너무 재미없는 거야. 많은 사람들은 영화를 보려고 산 푯값이 아까워서 그만 보고 집에 가야겠다는 결정을 하지 못하는데, 이때 이미 내 버린 영화표의 값이 '매몰 비용'이란다.

영화를 계속 보지 않고 나온다면 다른 재밌는 걸 할 수도 있는데, 푯값 때문에 재미없는 영화를 끝까지 보는 것을 '매몰 비용의 오류'라고 이야기해.

사실 아빠랑 엄마가 처음 만나서 봤던 영화가 그런 영화였어. 너무 재미없었지만 아빠는 엄마랑 같이 있는 게 너무 좋아서 그 영화를 끝까지 다 봤단다.

 꺅! 재미는 없었어도 영화 덕분에 아빠와 엄마의 사랑이 시작됐으니, 매몰 비용의 오류는 없었겠네요!

하하하, 그런 셈이지.
우리는 살면서 수많은 선택을 해. 선택한다는 것은 하나를 택하고 나머지를 포기해야 한다는 뜻이기도 하단다. 그래서 사람들은 늘 더 나은 선택을 하기 위해 노력하지. 그럴 때 오늘 배운 '기회비용'이라는 개념을 알면 유용할 거야.

잘못된 결정을 내렸다면?

☝ 잘못된 결정을 했다는 생각이 들면 돈이 아깝다는 생각이 들 거예요.

✌ 하지만 이럴 때일수록 '돈'이 아니라 '매몰 비용의 오류'가 없는지 생각해 봐야 해요.

✌ 시간, 돈, 노력 등을 투자한 것이 아까워서 일을 중단하지 못하는 게 더 안 좋은 결과를 가져올 수도 있어요.

"아빠. 그런 의미에서 저는 오늘 간식을 먹지 않기로 결정했어요. 5,000원을 저금통에 넣어 두었다가 엄마 생일 선물을 살래요. 그러면 엄마가 기특하다며 떡볶이와 김밥을 모두 사 주시지 않을까요?"

"하하하, 우리 하윤이가 기회비용이 발생하지 않는 아주 현명한 선택을 했는걸?"

비교 우위

가장 잘하는 한 가지에 집중해요

여럿이 일할 때 최고의 결과를 만드는 방법은 무엇일까요? 경제에도 협동이 필요한 이유를 알아봐요.

키워드: 절대 우위, 비교 우위

"후유, 큰일이네. 이 많은 일을 내가 다 할 수 있을까?"

"하윤아 학교에서 무슨 일 있었니?"

"다음 주까지 환경보호에 관한 영상을 찍는 모둠 과제가 있는데요, 제가 대사도 쓰고 연기도 하게 되었어요."

"하윤이가 두 가지 일을 다 한다고?"

"네. 제가 우리 반에서 글도 제일 잘 쓰고, 연기도 잘한다고 친구들이 저를 추천했거든요."

"흠. 하윤이의 친구들은 '절대 우위'와 '비교 우위'에 대해 공부해야겠구나."

"그게 뭔데요?"

친구들의 추천을 받았다니 참 기쁜 일이다! 그런데 사실 혼자 모든 일을 다 잘해 내기는 힘들어. 시간도 부족하고, 여러 가지 일을 한꺼번에 하면 집중력이 흐트러지기 때문에 좋은 결과를 얻을 수 없거든.

하윤이는 반에서 글을 제일 잘 쓰고 연기도 잘한다고 했지? 이렇게 다른 사람보다 잘하는 상태를 '절대 우위에 있다'고 해. '절대 우위'라는 말은 경제 용어인데, 다른 사람보다 덜 노력해도 쉽게 물건을 만들 수 있다는 걸 의미해. 공부한 시간은 적은데 시험은 잘 보는 친구라고 생각하면 되겠다.

 그러면 절대 우위에 있는 상품을 많이 가진 나라는 엄청난 부자가 되겠네요? 잘 만드는 물건들을 잔뜩 생산해서 다른 나라에 팔면 되니까요.

옛날에는 그랬지. 예를 들어, A 나라는 기술이 뛰어나서 옷도 잘 만들고, 신발도 잘 만든다고 해 보자. 그래서 다른 나라들이 모두 그 나라에서 물건을 수입했어. 하지만 시간이 지나자 사람들은 뭔가 문제가 있다는 걸 알게 되었어. 다 같이 잘 살아야 하는데 너무 한 나라만 잘 살게 되는 거야.

기술이 뛰어난 A 나라도 고민이 많았지. 시간이나 자원, 그리고 노동력을 끝없이 쓸 수는 없거든. 모든 제품에서 절대 우위를 계속 유지하는 건 너무 어려운 일이야. 재주 많은 하윤이가 두 가지 일을 다 할 수 없어서 고민하는 것과 마찬가지로 말이야. 그래서 경제학자들은 '비교 우위'라는 개념을 생각해 냈단다.

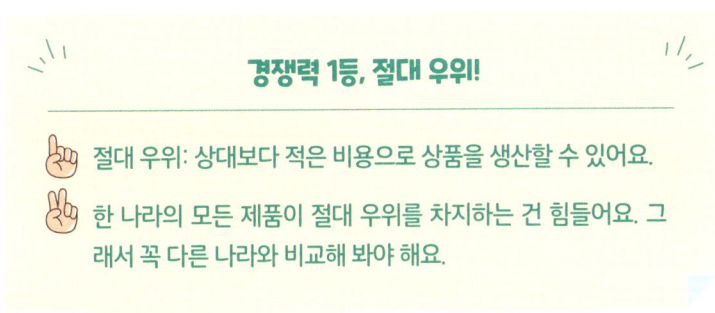

경쟁력 1등, 절대 우위!

👆 절대 우위: 상대보다 적은 비용으로 상품을 생산할 수 있어요.

✌️ 한 나라의 모든 제품이 절대 우위를 차지하는 건 힘들어요. 그래서 꼭 다른 나라와 비교해 봐야 해요.

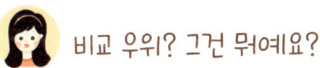
비교 우위? 그건 뭐예요?

'비교'는 둘 이상의 사물을 놓고 공통점이나 차이점을 찾아낸다는 뜻이지? 그러니까 '비교 우위'는 비교해 봤을 때 더 위에 있는 것, 즉 더 잘하는 것을 한다는 뜻이야.

예를 들어 설명해 줄게. A 나라는 1시간 동안 옷 15벌, 신발 20켤레 만들 수 있고, B 나라는 1시간 동안 옷 10벌, 신발 15

켤레 만들 수 있대. 딱 봐도 A 나라가 옷과 신발을 더 잘 만든다는 걸 알 수 있지?

그런데 A 나라가 옷과 신발을 동시에 만들면 1시간에 각각 10개씩밖에 못 만들어. 제일 잘하는 것 하나에만 집중하면 상품을 더 많이 생산할 수 있는데, 두 가지를 모두 하려니까 효율이 떨어지는 거야.

그래서 경제학자들이 '협동'을 하자고 제안한 거지. 각 나라가 가장 잘 만드는 상품을 집중해서 만든 뒤에 무역을 통해 교환하는 것이 더 좋겠다고 말이야.

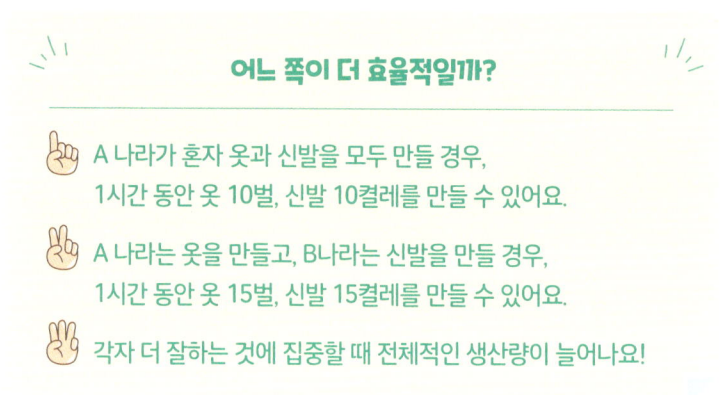

어느 쪽이 더 효율적일까?

☝ A 나라가 혼자 옷과 신발을 모두 만들 경우,
1시간 동안 옷 10벌, 신발 10켤레를 만들 수 있어요.

✌ A 나라는 옷을 만들고, B나라는 신발을 만들 경우,
1시간 동안 옷 15벌, 신발 15켤레를 만들 수 있어요.

✌ 각자 더 잘하는 것에 집중할 때 전체적인 생산량이 늘어나요!

서로 실력을 비교해 보고, 더 잘할 수 있는 일에 집중하니까 결과적으로 더 많이 만들 수 있게 되었네요!

모든 것을 다 잘하는 나라라도 비교 우위 개념을 통해 내가 더 잘할 수 있는 것에 집중하는 것이 더 경제적이라고 할 수 있어. 또 실력이 조금 부족한 나라도 가장 잘할 수 있는 일을 찾아 계속하면 결과적으로 전체 생산량은 커지는 거지. 각 나라는 경쟁만 하는 것이 아니라, 이렇게 커다란 목표를 이루기 위해 힘을 합치기도 한다는 것을 기억하렴.

"아빠, 오늘 비교 우위에 대해 배우고 나서 결심했어요. 저는 이번에 연기를 할래요."

"왜 그렇게 생각했는데?"

"대본은 다미가 쓰면 될 것 같아요. 다미는 책도 많이 읽고, 지난번 글짓기 대회에서는 저랑 같이 상도 탔거든요."

"그러니까 하윤이의 비교 우위는 연기라는 거지?"

"네, 맞아요. 친구들에게도 비교 우위에 대해 알려주고 각자 잘하는 것에 집중하자고 얘기해 볼게요."

"이야, 훌륭한걸? 아빠도 하윤이와 친구들이 함께 만들 멋진 작품 기대할게!"

대체재와 보완재

현명한 소비자라면 알아야 할 것들

> 💡 밥 대신 빵, 소고기 대신 돼지고기? 선택하기 전에 대체할 수 있는 물건이 있는지 꼼꼼하게 살펴 봐요.
>
> 💡 키워드: 대체재, 경쟁재, 보완재, 완전 보완재

"아이참, 그냥 크림빵을 먹을 걸 그랬어."

"하윤아, 뭐 하니?"

"아빠. 오늘 학원 끝나고 애들이랑 편의점에서 간식을 사 먹었는데요. 제가 좋아하는 소보로빵이 없는 거예요. 그래서 대신 삼각김밥을 사 먹었는데, 빵을 먹고 싶은 마음이 사라지지 않아요."

"음, 삼각김밥이 소보로빵의 대체재가 되지 못한 거구나?"

"대체재요? 그건 잘 모르겠고 저는 그냥 빵이 먹고 싶어요."

하윤이가 소보로빵을 먹고 싶었는데 없었다고 했지? 하지만 배는 고프니까 뭔가 먹어야 하고. 그래서 빵 대신 삼각김밥을 택한 거지.

비슷한 예를 들어 보자. 하윤이가 마트에서 콜라를 살까, 사이다를 살까 고민하고 있어. 뭘 고를래?

 콜라요. 목마를 때 마시려는 건데 두 개 다 필요하지는 않으니까, 제가 더 좋아하는 콜라를 살래요.

콜라를 샀으면 사이다는 더 이상 필요 없겠지? 이렇게 A가 있으면 B는 필요 없어지는 것이 '대체재'야.

 그런데 이렇게 비슷한 것들 중 하나만 사야 하는 상황이라면 사람들은 싼 걸 택하지 않을까요? 소고기는 너무 비싸니까 오늘은 돼지고기 먹자. 이런 식으로 말이에요.

그래서 대체재를 '경쟁재'라고 하기도 해. 월드컵 16강에서 열심히 경쟁을 하다가 진 팀은 탈락하는 것처럼 경쟁에서 이긴 제품만 선택받게 된단다. 축구 경기에서는 축구를 잘

해야 이기는 것처럼 제품은 가격이 더 싸면서도 만족감은 높아야 경쟁에서 이길 수 있겠지?

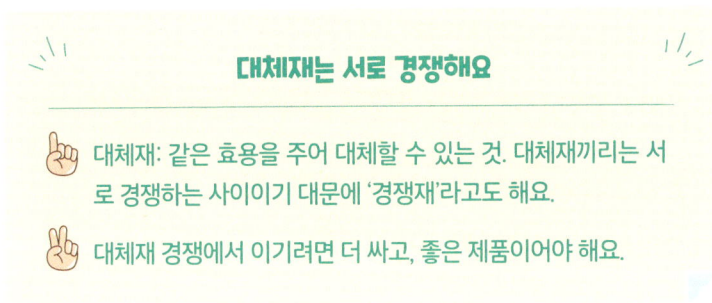

대체재는 서로 경쟁해요

- 대체재: 같은 효용을 주어 대체할 수 있는 것. 대체재끼리는 서로 경쟁하는 사이이기 대문에 '경쟁재'라고도 해요.
- 대체재 경쟁에서 이기려면 더 싸고, 좋은 제품이어야 해요.

우리가 대체재와 함께 알아 두어야 할 개념이 있어. '보완재'라는 거야.

이번에도 예를 들어 보자. 아빠가 커피숍에서 뜨거운 커피 한 잔을 주문하면 어떻게 주지? 종이컵 안에 커피를 붓고, 커피가 넘치지 말라고 뚜껑을 닫고. 또 들고 갈 때 너무 뜨겁지 말라고 홀더를 끼워 주잖아. 셋 중 하나라도 빠지면 어떨까? 뚜껑이 없다면 길을 걷다가 커피가 넘쳐 버릴 수 있고, 홀더가 없다면 너무 뜨거워서 컵을 놓칠 수도 있겠지. 컵이 없으면 커피를 담을 곳이 없고 말이야.

뜨거운 커피 한 잔을 마시기 위해서는 컵, 뚜껑, 홀더 모두 없어서는 안 되는 중요한 것들이지. 이렇게 서로 부족한 부분을 채워 주면서 완벽해지는 것을 '보완재'라고 한단다. 보완재는 서로서로 돕는 관계인 거지.

 흠, 그런데 아빠. 저는 아직도 보완재, 대체재가 조금 헷갈려요.

아빠도 처음에 배웠을 때는 그랬으니까 하윤이도 그럴 수 있어. 좀 더 쉽게 구별할 수 있는 방법도 있단다. 우선 콜라와 사이다처럼 서로 대체가 될 수 있는 제품이 있다고 해 보자. 이때 콜라의 가격이 계속 올라가면, 콜라 대신 사이다를 먹으려고 하는 사람이 많아지겠지?

이렇게 대체할 수 있는 제품인 콜라의 가격이 올라갈 때 사이다를 먹으려는 사람이 늘어나면, 둘의 관계는 대체재라는 것을 알 수 있어. 그리고 대체재 중에서 하나의 가격이 먼저 올라가면, 다른 제품의 가격도 따라서 올라가게 되어서 둘의 가격은 비슷하게 움직이게 된단다.

보완재는 약간 다를 수 있어. 커피 가격이 너무 올라서 사 먹으려는 사람이 줄어든다고 해 볼까? 그러면 종이컵이나 뚜껑도 덜 필요해질 거야. 이건 콜라의 가격이 올라가면, 사이다를 먹고 싶어하는 사람이 늘어나는 것과는 반대라고 할 수 있지.

두 제품이 경쟁을 하는 관계인지, 서로 돕는 관계인지에 따라서 완전히 다른 영향을 준다는 것이 신기하네요.
생각해 보니 저도 얼마 전에 편의점에서 보완재를 본 것 같아요. 편의점에서 파는 주스 중에서 병이 아니라 비닐봉지에 들어있는 게 있거든요. 봉지 주스를 사면 얼음이 들어있는 컵이랑 빨대를 같이 줘요. 음료수, 얼음 컵, 빨대 이렇게 세 개가 같이 있어야 음료수를 맛있게 먹을 수 있으니까 이것도 보완재 맞죠?

맞았어. 하윤이가 보완재의 좋은 예를 찾았네.
그런데 말이야, 서로서로 돕는 보완재 중에서도 '절대로 없어서는 안 되는' 것들이 있어. 예를 들어 컴퓨터가 있는데 모니터가 없다면, 혹은 키보드나 마우스가 없다면 어떨까? 컴퓨터가 제 역할을 할 수 없겠지?

와, 이건 뚜껑이 없어서 커피가 넘치는 거랑은 차원이 다른 문제네요.

뚜껑이 없어도 커피를 마실 수는 있지만 컴퓨터 모니터가 없으면 이건 컴퓨터라고 할 수도 없는 거잖아요.

맞아. 이렇게 '꼭 함께 있어야만 하는 것'을 '완전 보완재'라고 한단다.

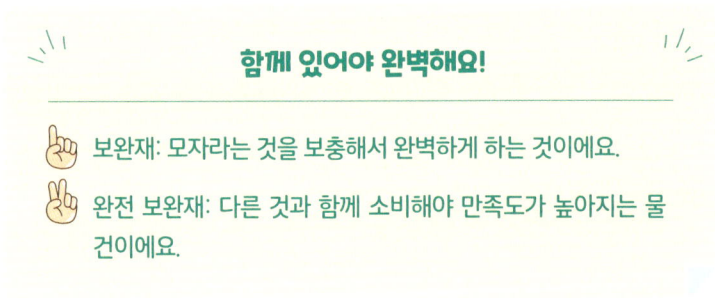

함께 있어야 완벽해요!

👉 보완재: 모자라는 것을 보충해서 완벽하게 하는 것이에요.

✌️ 완전 보완재: 다른 것과 함께 소비해야 만족도가 높아지는 물건이에요.

대체재는 서로 경쟁해서 하나만 살아남는 물건이고, 보완재는 서로에게 부족한 것을 보충해서 더 완벽하게 만드는 물건이라는 것 잘 알겠지?

대체재와 보완재에 대해 잘 알았으니 앞으로는 어떤 물건을 살지 선택해야 할 때 내가 소비하는 상품들이 서로 어떤 관계에 있는지 먼저 생각해 보렴. 가격이 저렴하면서 효용이 높은 대체재를 선택할 줄 알고, 보완재를 잘 활용해 같은 값으로도 더 만족도 높은 소비를 하는 것이 현명한 소비자의 자세이니까.

"아빠, 저는 보완재 같은 사람이 되고 싶어요."

"그게 무슨 말이야?"

"친구들 사이에서 말이에요. 없으면 다른 친구로 대체할 수 있는 그런 사람보다는 꼭 필요한 사람이 되고 싶다는 거죠."

"음, 함께 있음으로써 완벽해지는 관계라……. 정말 멋진 생각인 걸?"

"헤헤. 아빠는 저에게 완전 보완재 같은 존재예요. 아빠가 안 계시면 하윤이의 경제 공부가 어떻게 계속 되겠어요?"

"하윤이도 아빠의 정말 좋은 파트너야. 그런 의미에서 우리 오늘은 맛있는 것 먹으러 갈까?"

"좋아요! 아까 못 먹은 소보로빵 사 먹으러 가요!"

필수재와 사치재

필요한 것과 갖고 싶은 것은 달라요

💡 일상생활에 꼭 필요한 필수재, 그리고 꼭 필요하지는 않지만 사람들이 갖고 싶어하는 사치재. 둘은 어떻게 다를까요?

💡 키워드: 필수재, 사치재, 가격탄력성

"아빠, 오늘 학교에서 심각한 사건이 있었어요."

"사건? 학교에서?"

"네. 설아가 펜을 잃어버렸거든요. 해리포터에 나올 것 같은 커다란 깃털이 달린 펜인데요, 외국에서 사온 엄청 비싼 거래요. 그런데 그게 없어진 거예요. 설아가 막 울고 난리 났었어요."

"반 아이들이 다 난처해졌겠구나."

"비싼 펜을 잃어버려서 더 속상했을 거예요. 왜 그런 비싼 펜을 학교에 가져왔을까요?"

"좋은 물건이니까 친구들한테 보여주고 싶었겠지."

"멋지다고 친구들이 부러워하긴 했어요."

"설아의 깃털 달린 펜처럼 꼭 필요하지는 않지만 사람들이 갖고 싶어 하는 물건을 '사치재'라고 해. 오늘은 필수재와 사치재에 대해 알려줄게."

우리가 살면서 꼭 필요한 물건을 '생활필수품' 혹은 '필수재'라고 해. 우리가 입고, 먹고, 생활하는 데에 없어서는 안 되는 물건들. 예를 들면 치약, 칫솔, 비누, 휴지, 쌀, 이런 것들 말이야.

 저도 알아요. 줄여서 '생필품'이라고 하잖아요.

맞아. 펜과 공책도 생필품이라고 할 수 있지. 글씨를 쓰거나 공부를 하기 위해서 꼭 필요한 물건들이니까. 그런데 아까 설아의 깃털 펜처럼 생활하는 데에 꼭 필요하지는 않지만 가지고 싶기 때문에 사는 물건을 '사치재'라고 해.

필수재와 사치재

- 필수재: 일상생활에 반드시 필요한 물건이에요.
- 사치재: 사람들이 갖고 싶어 하지만 생활에 반드시 필요하지는 않은 물건이에요.
- 필수재는 우리가 생활하는 데 없어서는 안 되는 물건들이기 때문에 가격이 싸거나 비싸도 늘 잘 팔려요.

아빠, 그런데 좀 애매한 물건들도 있어요. 제가 좋아하는 과자는 필수재예요? 아니면 사치재예요?

필수재와 사치재를 구별하기 위해서는 '가격탄력성'에 대해 알아야 해.

먼저 '탄력'은 튀거나 팽팽하게 버티는 힘을 말해. 고무줄이나 스프링을 떠올리면 '탄력 있다'는 게 무슨 뜻인지 쉽게 이해할 수 있을 거야. 그러니까 '가격탄력성'은 가격에 따라서 수요가 탄력적으로 움직인다는 뜻이란다.

 가격에 따라 수요가 움직인다? 무슨 뜻인지 잘 모르겠는데요.

일반적으로 가격이 내려가면 수요는 증가해. 예를 들어서 하윤이가 평소에 먹고 싶어 했는데 너무 비싸서 주저했던 사탕이 있다고 해 볼까? 그런데 어느 날 편의점에서 그 사탕을 반값으로 할인하는 거야! 그럼 사고 싶은 마음이 더 커지지 않겠어? 이런 걸 수요가 증가한다고 이야기한단다. 이렇게 가격에 따라서 수요가 탄력적으로 늘었다 줄었다 하는 경우를 두고 '가격탄력성이 높다'라고 이야기해. 가격에 따라서 수요가 크게 움직인다는 거지.

 그런데 대부분의 물건이 그렇지 않아요? 비싸면 많이 사지 않고, 싸면 많이 사고…….

그럴까? 예를 들어, 쌀이 10킬로그램에 5만 원이었는데 어느 날 쌀값이 올라서 10만 원이 되었다고 해 보자. 그러면 사람들이 쌀을 안 살까?

 음, 아니요! 밥은 매일 꼭 먹어야 하니까 아무리 비싸도 사야죠.

맞아. 이렇게 가격이 오르든 내리든 수요가 크게 변하지 않는 것을 '가격탄력성이 낮다'고 말한단다. 필수재는 아무리 가격이 비싸도 먹고 살려면 꼭 사야 하는 물건이기 때문에 가격 때문에 수요가 막 움직이진 않아. 그러니 가격탄력성이 낮다라고 할 수 있는 거지. 반면에 사치재는 가격탄력성이 높아. 너무 비싸면 수요가 줄고, 싸지면 수요가 늘지.
설아의 깃털 펜을 보고 아이들이 부러워했다고 그랬잖아? 그런데 1개에 10만 원이던 깃털 펜을 1만 원에 판다면 어떨까? 너도 나도 용돈을 모아서 사려고 하지 않을까?

 그러네요. 사실 저도 가격이 좀 싸면 갖고 싶다고 생각했었어요.

가격이 변하면 사고 싶은 마음도 바뀌어요!

☝ 가격탄력성: 가격에 대한 수요의 탄력성을 말해요.

✌ 필수재는 꼭 필요한 물건이라 가격이 오르거나 내려도 수요에는 큰 변화가 없어요. 사치재는 꼭 필요하지는 않은 물건이라 가격 변화에 따라 수요 변화도 커요.

🤟 필수재는 가격탄력성이 낮고, 사치재는 가격탄력성이 높아요.

사치재는 할인을 하느냐, 그렇지 않느냐에 따라 판매량이 크게 달라져. 백화점에서 세일을 자주 하는 이유도 여기에 있단다. "생활하는 데에 꼭 필요하지는 않은 물건이지만 가격을 낮춰줄 테니 많이 사 가세요!"라고 하면서 손님들을 유인하는 거지.

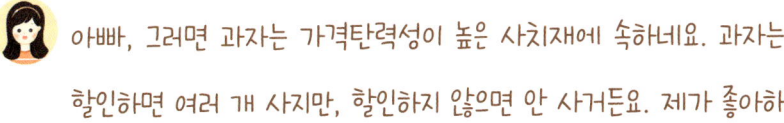 아빠, 그러면 과자는 가격탄력성이 높은 사치재에 속하네요. 과자는 할인하면 여러 개 사지만, 할인하지 않으면 안 사거든요. 제가 좋아하

는 초코쿠키가 지금은 1,500원인데 이게 1만 원으로 오른다면? 저는 절대 안 살 것 같아요.

하윤이가 필수재와 사치재에 대해 완벽히 이해했네. 그러니까 하윤이가 앞으로 물건을 살까? 말까? 고민할 때는 이렇게 스스로 질문을 해 보면 좋을 것 같아. "가격이 좀 더 싸진다면, 내가 더 사고 싶어질까?"

만약 이 질문에 대해서 그렇다고 대답했다면, 그 물건은 하윤이한테 꼭 필요한 물건은 아닐 수 있다는 것을 의미하지. 그러면 꾹 참아보거나, 가게 주인에게 가격을 싸게 해 달라고 말해 볼 수도 있을 거야.

반대로 가격이 바뀌더라도 사고 싶은 마음이 그대로라면, 그건 하윤이한테 꼭 필요한 필수재일 거야. 그러니까 가격을 낮추려고 노력하는 것보다는 가능하면 좋은 제품을 사려고 노력하는 것이 좋을 것 같아.

 선택하기 어려울 때는 가격탄력성을 떠올려 본다! 아주 좋은 팁이네요!

"일상 속 물건들에 이런 비밀이 숨어 있었다니! 신기해요!"

"하윤이가 경제의 재미를 깨달은 것 같네!"

"음, 이제 조금씩 재미있어지고 있어요! 아빠랑 이야기하면서 경제와 많이 친해진 것 같다는 생각도 들고요. 그동안 경제는 어른들이나 알아야 하는 어렵고 복잡한 이야기인 줄 알았거든요."

"경제는 두꺼운 책 속에 있는 어려운 내용이 아니야. 우리가 살아 숨 쉬는 모든 곳에 경제가 함께 있다고 해도 될 만큼 아주 가까운 것이란다."

"네, 의외로 엄마 아빠가 보시는 경제 뉴스에 제가 관심 있는 이야기도 많이 나오더라고요! 어제는 '포켓몬빵 대란!'이라면서 수요와 공급에 대한 이야기를 하는데 엄청 반가웠어요."

"이야, 경제 뉴스를 보며 수요와 공급 이야기를 하는 초등학생이라니, 대단한데? 하윤이를 아빠의 수제자로 임명해야겠다."

"읔, 그럼 앞으로 더 어려운 경제 공부도 해야 하는 거예요? 이제 좀 쉬어요, 아빠!"

"그동안 경제 공부하느라 고생했어! 다음에는 더 재미있는 경제 이야기를 나눠 보자!"

열두 살 경제 놀이터 2

초판 1쇄 발행 2023년 5월 10일
초판 3쇄 발행 2023년 7월 12일

지은이 이효석, 이하윤

펴낸이 김선준

책임편집 최구영
편집팀 최한솔, 최구영, 오시정
마케팅팀 권두리, 이진규, 신동빈
홍보팀 한보라, 이은정, 유채원, 권희, 유준상, 박지훈
디자인 김혜림 **일러스트** 헤이순
경영관리 송현주, 권송이

펴낸곳 페이지2북스 **출판등록** 2019년 4월 25일 제 2019-000129호
주소 서울시 영등포구 여의대로 108 파크원타워1. 28층
전화 070) 4203-7755 **팩스** 070) 4170-4865
이메일 page2books@naver.com
종이 ㈜월드페이퍼 **인쇄·제본** 한영문화사

ISBN 979-11-6985-027-8 (73320)

- 책값은 뒤표지에 있습니다.
- 파본은 구입하신 서점에서 교환해 드립니다.
- 이 책은 저작권법에 의하여 보호를 받는 저작물이므로 무단 전재와 복제를 금합니다.